Le Finale du Discours

Du même auteur

Les Sept Cavaliers du Succès

L'Ouverture du Discours

La Structure du Discours

Éloquence

L'Intégrale du Discours

La Parole est au Cinéma

catalogue

Le Finale du Discours

Comment faire en sorte
que tes auditeurs se bougent le *** et
se souviennent de toi pour toujours

Éric Bah

SPEECHOLOGIE

KOAN
EDITIONS

Design de couverture : Sofia Müller
Images de couverture : Dgim Studio / Freepik
Photo auteur : Rose Deren
Illustration : Charles Spencer
Relecture : Scrutator
Mise en pages : Don Quichotte

ISBN
Broché : 978-2-38253-069-6
Relié : 978-2-38253-075-7
Ebook : 978-2-38253-070-2
Dépôt légal : 3e trimestre 2021

Koan Éditions
TPEB 91 rue du Fg St Honoré
75008 Paris (France)
contact@koaneditions.com

Préface de Sabine Vandebroek

Event and Conference Producer
Conférencière et Coach
Auteur de *Organisez et donnez une conférence qui fait vendre*[1]

Durant ma carrière, j'ai produit des centaines de conférences commerciales, celles où vous prenez la parole pour présenter un produit ou un service avec un objectif de vente. Elles ne sont en rien différentes des conférences motivationnelles, celles qui vont induire un changement de comportement. Année après année, j'arrive à la même conclusion : neuf orateurs sur dix passent complètement à côté de leur objectif souvent par défaut de finale du discours.

Le finale du discours est un élément indispensable de toute présentation. C'est ici que vous rentabilisez votre investissement et amenez vos auditeurs à acheter votre produit ou à adopter de nouvelles attitudes.

Vous l'avez compris, le finale du discours, ce n'est pas une option. Ce n'est pas : « On verra si j'ai le temps ! » Le finale du discours… Vous n'y dérogez JAMAIS ! Il est donc indispensable de gérer votre temps de

---

[1] Sabine Vandebroek, *Organisez et donnez une conférence qui fait vendre*, L'Attitude des Héros, 2019.

parole afin de savoir exactement quand vous devez conclure.

Attention, il ne s'agit pas de conclure pour conclure. Encore faut-il avoir un finale qui permet de digérer l'information reçue, qui génère des émotions et incite au passage à l'action.

Trop souvent, j'ai entendu :

- Je vous remercie de votre attention, vous pouvez faire une photo de la diapositive avec mes coordonnées si vous avez des questions.
- Je remercie l'organisation, mon employeur, mon équipe, mon père, ma mère, mes frères et mes sœurs.
- Nous aurons très certainement l'occasion d'en reparler.
- J'aurais encore aimé aborder ces points, mais je n'en ai malheureusement pas le temps.
- Je vois que le temps passe, je dois conclure.

Ce n'est pas un finale, ça !

Un finale digne de ce nom, c'est un « appel à l'action » irréfutable ! Alors, comment marquer sans ambiguïté la fin du discours ? Jusqu'à la parution de ce livre, la littérature sur le sujet était maigre, pour ne pas dire inexistante. Voilà donc un vide comblé avec la parution de *Le Finale du Discours*. Vous disposez désormais de 28 techniques éprouvées. Chacune d'entre elles répond à une mission que je vous laisse le soin de découvrir dans l'ouvrage. Les plus experts d'entre vous les auront repérées dans cette préface. Seules ou combinées, ces 28 techniques vous permettront de concevoir les meilleurs finales de discours et surtout de vous singulariser.

Vous l'avez compris, ce livre s'adresse à ceux qui ont envie de faire la différence. Quand il s'agit d'innover dans ses prises de paroles, je reçois souvent des commentaires sceptiques : « Je préfère la façon plus traditionnelle… », « Je ne suis pas convaincu… » En matière d'art oratoire, il n'y a pas de place pour le traditionnel. Lors de l'ouverture du discours, vous avez 10 secondes pour capter l'attention. Lors du finale, vous avez quelques minutes pour marquer définitivement les esprits.

Je vous souhaite une agréable lecture.

Sabine Vandebroek
sabinevandebroek.com
youtube.com/c/SabineVandebroek

L'avis des professionnels

Éric a un immense talent de pédagogue ! Il exprime de façon claire et simple des concepts souvent difficiles à saisir et propose de très nombreux exemples concrets et pratiques. Ses manuels sont d'ores et déjà des références sur chaque sujet qu'il aborde. J'apprécie tout particulièrement le fait de consacrer un ouvrage entier à chacune des parties fondamentales du discours, là où la plupart des autres livres tentent de tout couvrir : cela permet à la fois d'aller plus loin, d'approfondir vraiment ces parties et d'en maîtriser chaque détail, tout en laissant au lecteur le choix de se concentrer uniquement sur ce dont il a besoin. Je recommande chaudement le nouveau livre d'Éric tout comme je recommande son précédent livre sur L'Ouverture du Discours. *Les étudiants et bacheliers y trouveront les meilleures techniques et un cheminement méthodique pour préparer brillamment leurs oraux, de même que toutes les personnes devant intervenir en public, faire un discours ou animer une réunion. Les coachs et formateurs professionnels en art oratoire pourront s'inspirer de la grande variété de cas d'école rapportés par Éric et de ses formules bien senties qui émaillent son ouvrage. Bravo et merci pour cette agréable lecture !*

Valentin Becmeur
coach en éloquence & media training
vice-président de l'AFPAO[2]
coacheloquence.com

---

[2] Association des Formateurs Professionnels en Art Oratoire : afpao.fr.

« Et franchement… Voilà ! » Cette réplique de Gérard Darmon dans Astérix et Obélix : Mission Cléopâtre[3] *rassemble tout ce que le livre d'Éric Bah cherche à combattre… mais surtout ce qu'il parvient à vaincre !*

En s'appuyant sur l'histoire et sur sa propre expérience, Éric Bah présente avec brio et humour une méthode complète pour apprendre à réussir l'un des exercices les plus difficiles de l'art oratoire : finir son discours.

La présentation des enjeux de cette partie souvent négligée et les 28 techniques qu'il présente vous permettront d'assurer un final répondant à tous ses objectifs.

Le savant mélange entre théorie et pratique, à travers des exemples vivants, des conseils précis et des exercices, permet de savourer la lecture de cet ouvrage du début à la fin.

Pour terminer, les fiches d'analyse d'ouverture proposée à la fin complètent le trio des éléments indispensables au développement d'une parole convaincante et impactante : étudier, pratiquer, observer.

Excellente lecture à tous !

Jean-Corentin Poisson
coach, enseignant et
formateur en art oratoire
président de l'AFPAO
bit.ly / aguere-youtube
aguere.fr

---

3 Alain Chabat, *Astérix et Obélix : Mission Cléopâtre*, 2002, 1h47.

Droit au but pourrait être le titre de ce nouveau livre. Il va droit au but pour ceux et celles qui souhaitent finir en beauté lors de leurs discours. Éric maîtrise et partage avec panache dans les quelques lignes de ce livre des années d'expérience que l'on acquiert malheureusement après de nombreuses années d'échecs et de tâtonnements. Ce livre est l'almanach venu du futur pour celles et ceux qui souhaitent marquer en profondeur le public venu les écouter. Mon chapitre préféré : « Adapte-toi ».

Ibrahima Seydi
scénariste–réalisateur
conférencier en storytelling
ibrahimaseydi.com

N'espère rien de l'homme s'il travaille
pour sa propre vie et non
pour son éternité.

Alexandre de Saint-Exupéry

Remerciements

Ma gratitude va en premier à l'organisation Toastmasters International qui œuvre pour le développement de la prise de parole en public, et particulièrement aux clubs : Paris Étoile, Les Ailes, Club Avancé de Paris et Agora 75 auxquels j'ai appartenu, et Lutèce 75 dont je fais toujours partie.

Je remercie infiniment mon ami Frédéric Chaze, coach et formateur en prise de parole ; je dois à sa lecture critique la meilleure version de cet opus.

Merci aussi à Valentin Becmeur, Jean-Corentin Poisson et Ibrahima Seydi d'avoir bien voulu me donner, sur cet ouvrage, leur avis d'experts de la prise de parole en public.

Merci à Effie-Eftychia Amilitou, Phd en lettres modernes et agrégée de lettres classiques, pour m'avoir apporté ses lumières sur un mot de grec ancien, et à ma fille Elsa pour la vérification scrupuleuse des QR codes.

Merci enfin à tous les auditeurs venus écouter mes conférences. Leurs témoignages et leurs questions pertinentes m'ont aidé à progresser.

Avertissement

Les discours proposés dans cet ouvrage ont été sélectionnés pour des raisons pédagogiques et sont critiqués uniquement sous l'angle technique. Le fait que tel discours ait été choisi pour faire partie des exemples ne signifie pas que l'auteur du présent livre partage l'avis, valide les propos ou cautionne l'action de l'orateur en question.

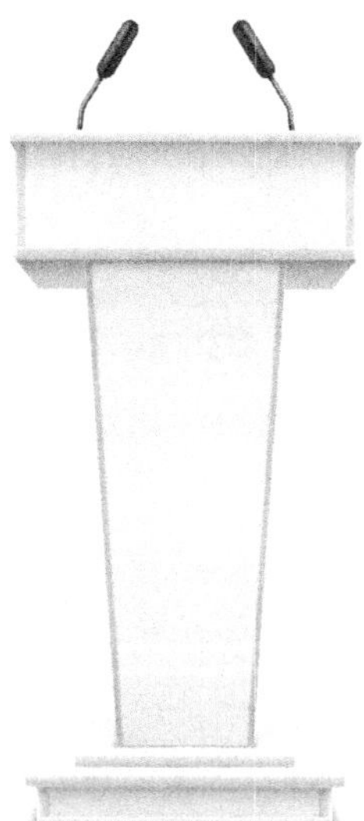

Avant-propos

Le finale est la partie du discours la plus souvent négligée par les orateurs. J'y vois quatre causes. La première est l'ignorance de la vocation du finale. Beaucoup considèrent que la conclusion est au discours ce qu'est le point à la phrase : une simple ponctuation qui marque la fin du propos. La deuxième cause est le manque de préparation. Dans le cas d'une présentation préparée au dernier moment, la tentation est grande, après la rédaction épuisante de l'ouverture et du développement, de se dire : « Bon, ça ira comme ça. Pour la conclusion, j'improviserai. » La troisième cause est une mauvaise gestion du temps. À quelques minutes de la fin, l'orateur se rend compte qu'il ne pourra malheureusement pas tout dire. Il décide alors de sacrifier son finale en terminant son discours de façon abrupte. Enfin, la dernière cause est une méconnaissance des différentes possibilités de conclure qui amène l'orateur à toujours utiliser la même technique quel que soit le public, le contexte ou le sujet.

C'est parce qu'un jour, pour une formation que je devais donner, j'ai fait des recherches sur le finale du discours, que j'ai découvert qu'il n'existait aucun livre sur ce thème, ni en français ni en anglais. Certes, Cicéron et Quintilien en parle abondamment, mais rien dans la littérature moderne. Les ouvrages les plus prolixes abordent le sujet sur un chapitre à peine. Mais dans la plupart, on doit se contenter d'un petit paragraphe. Dale Carnegie ne cite, comme techniques de finale, que l'appel à l'action et le résumé, et cela en quelques lignes seulement, alors même qu'il affirme : « La conclusion est en fait la partie la plus stratégique d'une intervention[4]. » Dans *Vibrations*, l'un des livres les plus innovants sur la prise de parole en public, Nancy Duarte, n'accorde à la conclusion que trois petites pages très aérées sur les 248 que compte son opus[5]. Chris Anderson, le directeur des conférences TED, quant à lui, réunit ouverture et finale dans un même chapitre[6]. Je pourrai ainsi, citant les meilleurs ouvrages, multiplier les exemples à l'envi. Le constat est qu'il existe un véritable vide en la matière.

Après tout, il est bien normal que tant d'ouvrages consacrent si peu d'espace à la conclusion : ils sont pour la plupart volontairement généralistes. J'aurais sans doute procédé de la sorte si j'avais traité de l'éloquence de manière aussi large. J'ai dit que Quintilien était bien plus disert sur la question, mais c'est qu'il lui a fallu douze livres pour fouiller tous les aspects de l'art oratoire. Voilà pourquoi il m'a paru intéressant de passer

---

[4] Dale Carnegie, *Comment parler en public,* Chap XIII.
[5] Nancy Duarte, *Vibrations,* Chap II.
[6] Chris Anderson, *Parler en public,* Chap. XIII.

le discours au microscope et de zoomer sur le finale, cette petite partie – à peine 10% du discours – insuffisamment traitée dans la littérature contemporaine. Car tout le monde s'accorde à le dire : l'art de conclure est d'une maîtrise indispensable.

Prolégomènes

Ce livre s'adresse tout particulièrement aux orateurs, conférenciers et *keynote speakers*. Amateurs, professionnels ou parleurs occasionnels, pour tous, la question se pose ainsi : comment finir un discours ? Pour certains : comment mettre les gens en mouvement ? Comment faire passer ses idées ? Comment se renouveler en gardant son axe ? Pour d'autres : comment rester dans les mémoires[7] ?

Distraire, informer, inspirer, persuader, sont les quatre intentions de l'orateur. Mais pour que l'auditeur soit distrait, informé, inspiré, persuadé au-delà du discours, il convient de maîtriser un arsenal de techniques propres à maintenir l'intention de départ. C'est tout l'enjeu de ce livre. À la fin de ta lecture, ayant intégré les processus décrits, ayant réfléchi sur les exemples cités, ayant pratiqué les exercices proposés, tu seras en mesure de cocher chacune des cases que doit remplir un finale digne de ce nom, en jouant avec facilité de tout l'éventail des techniques référencées. Ainsi auras-tu l'assurance d'arriver toujours à tes fins : changer le point de vue de ton auditoire, pousser tes auditeurs à l'action et inscrire

---

[7] « Les passions sont l'âme et la vie de l'éloquence ! » Quintilien. *De l'institution oratoire,* Livre VI Chap. II, vers 92 apr. J.-C.

ton propos dans leur mémoire. Ce qui te distinguera favorablement de la majorité des orateurs.

Dans cet ouvrage, nous traiterons particulièrement de la structure et du contenu. Nos efforts se portant donc principalement sur la rédaction et l'articulation, à l'exception de quelques conseils, nous négligerons volontairement de nous étendre sur ce qui a trait à la prestation elle-même : langage corporel (gestes, déplacements), expressions faciales (regard, mimiques) et variété vocale (intonation, débit).

En premier lieu, nous examinerons l'intérêt d'un finale et nous approfondirons les missions dont il est en charge (chapitre I).

Par la suite, nous aborderons les vingt-huit techniques, organisées par rubrique, qu'il est possible de déployer pour susciter chez l'auditeur la volonté de passer à l'action et l'envie d'enregistrer les informations (chapitre II à V).

Le processus de ces techniques sera détaillé et systématiquement illustré par un discours historique ou contemporain. Ce discours, dont un court extrait est présenté et commenté dans le fil du chapitre, peut être consulté dans sa version complète (vidéo, audio ou texte) grâce à un QR code à scanner[8] (version brochée) ou à cliquer (version liseuse numérique[9]).

De plus, la mise en œuvre de chaque technique de finale sera étudiée au travers de l'un de mes propres discours, non pas qu'ils soient exemplaires, loin s'en faut, mais parce que je connais précisément les mécanismes échafaudés pour leur conception, sans avoir à en préjuger. Chacune de ces études, baptisées « cas d'école », se découpe en trois parties : contexte, extrait, analyse.

Une bonne partie de ces cas d'école étant puisée dans mon expérience chez Toastmasters[10], il me paraît judicieux d'évoquer le contexte dans lequel ils ont été conçus. Chaque membre Toastmasters suit un parcours de maîtrise progressive de la prise de parole en public et

---

[8] Pour les vidéos en anglais visibles sur Youtube, pense à activer la fonction de sous-titrage si tu ne comprends pas la langue de Shakespeare. Les vidéos TED, quant à elle, offre systématiquement une transcription intégrale en français.

[9] À l'exception du discours de Naomi Wadler qui ne fait que trois minutes, toutes les vidéos sont calées sur le finale. Tu as ainsi le choix entre regarder directement le finale ou revenir au début de la vidéo pour écouter le discours entier.

[10] Fondé en 1924, Toastmasters International est une organisation à but non lucratif dont le but est d'aider ses adhérents à perfectionner leur leadership et leur éloquence. Les clubs qui composent l'organisation se réunissent de une à quatre fois par mois, offrant à ses membres la possibilité de prendre la parole en chaque occasion.

du leadership. Ce parcours est jalonné, entre autres, par la préparation et la prononciation, devant les autres membres, de discours originaux de deux à dix minutes. Les sujets sont entièrement libres ; mais pour chaque discours, l'orateur est tenu de se conformer à un projet imposé lui permettant d'avancer dans son programme. Voici quelques exemples de projets : établir un lien en racontant une histoire, utiliser un langage descriptif, utiliser un logiciel de présentation, etc.

Tous les chapitres consacrés aux techniques font l'objet d'un résumé regroupant les informations essentielles à retenir. Ce résumé est lui-même suivi d'un quizz te permettant de tester tes connaissances.

Après l'étude des techniques de finale, nous passerons en revue les erreurs à éviter (chapitre VI) et les meilleurs conseils à suivre (chapitre VII) pour amener tes finales de discours à un niveau supérieur. Après la conclusion (chapitre VIII), tu trouveras l'occasion de t'exercer, si tu le souhaites, sur quelques morceaux choisis (chapitres IX et X).

À la fin de l'ouvrage, sont présents le catalogue de tous les discours étudiés, une liste des principaux films et documentaires portant sur la prise de parole en public et quelques sites internet offrant un vaste choix de discours enregistrés.

Ce livre est conçu pour t'aider à mettre au point les meilleurs finales de discours possibles. Un savoir-faire dont tu feras ici l'acquisition, non seulement par la théorie, mais aussi par la pratique sur des exemples concrets et variés. Le progrès s'acquiert par la pratique… Alors, pratique le plus souvent possible !

Sommaire

POURQUOI UN FINALE ?

La seule raison valable de prononcer un discours est de changer le monde.

John F. Kennedy

TOUS LES MOINES SONT DÉJÀ là, assis en silence, dans l'attente du sermon matinal. C'est le premier jour du printemps. Le soleil, encore voilé par la brume des montagnes, caresse les murs blancs. Un vent léger fait danser les branches des arbres. Sur le gong patiné, une calligraphie d'un poème de Wumen :

Qui connaît le premier mot
Connaît aussi le dernier
La fin et le tout début
Ne relèvent pas du mot

Du fond de la salle, une mouche se fait entendre ; pas un n'envisage de la chasser. Après avoir fait le tour de la pièce et chatouillé, comme pour saluer, une ou deux oreilles impassibles, deux ou trois nez équanimes, elle s'efface.

À ce moment arrive le vieux maître, d'un pas serein, troublant à peine le silence. Tout en se balançant, il gagne sa place habituelle, face au groupe. Son crâne buriné, rasé de frais, brille ; le soleil vient de se dégager. Quelques instants, il pénètre en chacun d'un regard bienveillant. Puis ses narines se dilatent... Une longue inspiration, de celles qui annoncent une parole sage, descend dans sa poitrine. Ses lèvres s'écartent...

Quand sur le bord de la fenêtre se pose un rossignol au bec rouge. Le vieux maître et les moines tournent la tête. Alors, le cou tendu, assuré d'avoir capté l'attention, le volatile se met à chanter. Une mélodie aussi possédante et généreuse qu'imprévisible. On croirait la nature elle-même qui s'exprime... d'une musique qui fait danser le cœur des hommes.

Après plusieurs minutes éternelles et profondes comme une méditation, sur un dernier trille rythmé par le battement de ses ailes, l'oiseau s'envole vers le ciel. Les moines regardent le vieux maître. Et le vieux maître leur dit : « Le sermon est terminé. »

Voilà un finale exemplaire. Il a peu parlé et il a tout dit.

> Il est arrivé avant d'avoir fait le premier pas
> Il a tout dit avant d'avoir bougé la langue
> Même si vous devancez chaque pas
> Il y a encore une meilleure issue
>
> Wumen Huikai 無門慧開 (1183-1260[11])

Une question de vie ou de mort

Le finale est décisif[12]. Il marque la fin de ton discours, les dernières secondes de ton intervention. C'est bientôt le retour au silence au sein duquel ta prestation n'est qu'une parenthèse. Le finale est là pour sceller ta parole. C'est la fin d'une étape dans ta relation avec l'auditoire. Qu'elle soit brève ou longue, cette étape doit s'achever avec l'intensité de deux amitiés qui se séparent sans savoir quand elles se reverront ni même si elles se reverront un jour. Tu viens de livrer un message. Tu dois maintenant dire combien il est précieux de le garder et d'en faire quelque chose.

---

[11] Wumen Huikai, *La passe sans porte,* recueil de 48 kōan.
[12] « C'est la fin du discours, et il n'y a plus lieu de rien réserver pour un autre endroit. » Quintilien, *Institution oratoire,* Livre VI Chap. I.

C'était en 2010, je crois. J'étais invité par un ami à la table de l'hôtel Plaza Athénée. C'était la première fois que je mettais les pieds dans un restaurant trois étoiles, dans un restaurant étoilé tout court d'ailleurs. Ce fut une soirée très réussie à tout point de vue dans ce haut lieu de la gastronomie française. Néanmoins, je ne me souviens en détail que d'une chose : le dessert. Je ne sais plus quel plat j'ai mangé, un plat pourtant spécialement concocté pour moi par le chef, car il n'y avait rien de végétarien à la carte. Je me rappelle encore moins l'entrée. Mais le dessert ! Une copieuse et savante association de délices au chocolat composé par le chef pâtissier Christophe Michalak, champion du monde de pâtisserie. Un feu d'artifice de saveurs offrant différents crus de cacao, plusieurs niveaux d'amertume ; une palette de textures variées : du croquant, du moelleux, du fondant. L'ensemble présenté comme une œuvre d'art.

De tout le repas, c'est ce que j'ai gardé dans la mémoire de mon palais. C'est là tout l'enjeu du finale de ton discours : rester durablement dans les esprits. Tu es venu délivrer un message. Et la portée de ce message se joue dans les derniers instants de ton passage. Durant ces quelques minutes ultimes, tes auditeurs décideront s'ils te suivent encore après ou bien s'ils passent à autre chose.

Les occasions de distractions n'ont jamais été aussi pléthoriques qu'aujourd'hui : un nombre incommensurable de chaînes de télévision, nationales ou étrangères, des réseaux sociaux toujours plus chronophages, des jeux vidéo à l'attractivité démoniaque, des applications sur téléphone addictives. Pourquoi tes auditeurs t'accorderaient-ils encore de leur temps après ta conférence, alors que parfois ils négligent même leurs amis ? « Désolé, j'ai vraiment pas eu le temps de t'appeler. J'étais à la conférence d'Éric Bah… Ouais, c'était génial ! »

Le finale est une question de vie ou de mort. Si tu réussis ce passage, tu es assuré de rester dans le cœur de tes auditeurs, et de peut-être modifier un aspect, même minime, de la vie des gens et de l'humanité.

Nous savons bien que toutes les parties d'un discours, sans exception, sont importantes. L'ouverture, le développement, le finale : chacune joue un rôle irremplaçable. Exactement comme dans un voyage : il y a le décollage, le vol en altitude et l'atterrissage. Chaque phase a sa place dans le parcours. Mais si tu rates l'atterrissage, le voyage n'aura pas existé.

Si tu échoues au moment du finale, tu seras mort. Mort dans le cerveau et dans le cœur de tes auditeurs. Ta conférence tombera dans l'oubli. Et une occasion pour toi de changer un peu le monde aura été gâchée.

Grandiose

Le finale est la toute dernière partie du discours, celle qui marque la fin de ta parole. Pourquoi est-ce que je préfère parler de finale plutôt que de conclusion ? Serait-ce une coquetterie de ma part ? Non pas. Même si, tu en conviendras, ça a quand même plus de gueule de dire : « J'ai réussi mon finale ! », plutôt que : « J'ai foiré ma conclusion ! » La notion de conclusion renvoie à l'idée que tout s'arrête avec le discours. Ce n'est pas mon avis. Au contraire, tout commence. Pourtant dans le mot « final », il y a « fin », me diras-tu. Lorsque tu sors de la salle de cinéma après que le mot « Fin » s'est inscrit sur l'écran, crois-tu que l'histoire s'arrête simplement parce que tu n'en es plus le spectateur ? « Ils furent heureux et eurent beaucoup d'enfants », nous dit le narrateur (oui, ils ont attendu que tu sois parti). Ainsi l'histoire se poursuit.

De même, ce n'est pas parce que l'orateur a quitté la scène que tout se termine. Au contraire, un nouvel épisode commence. Sinon pourquoi aurais-tu parlé ? Pourquoi aurais-tu parlé si ce n'est pour changer les choses ? Ne souhaites-tu pas que chaque personne présente à ta conférence rentre chez elle en pensant autrement, en tentant autre chose ? « Lorsqu'on vient d'entendre un morceau de Mozart, le silence qui lui succède est encore de lui », disait Sacha Guitry. Fais-en ton leitmotiv. Vois ton finale comme un tremplin.

Rester durablement dans les esprits

Les anciens parlaient, eux, pour cette dernière partie du discours, de péroraison, qui vient du substantif latin *peroratio* et du verbe *perorare* qui signifie conclure, terminer, achever. Dans sa péroraison, l'orateur cherchait à emporter l'adhésion du public[13].

[13] « Quant à la péroraison, on doit s'y proposer quatre objets différents : bien disposer l'auditoire pour soi et le disposer mal pour l'adversaire ; amplifier ou atténuer les choses qui ont été dites

En musique, le finale est défini comme la « dernière partie, de caractère généralement animé et brillant, d'une œuvre musicale[14] ». À l'opéra, particulièrement, c'est la « dernière partie d'un acte ou de l'ensemble de l'œuvre, réunissant le plus souvent tous les personnages dans un ensemble vocal ou un chœur final ou une combinaison des deux[15] ».

Ton finale se doit d'être grandiose[16]. C'est un rideau qui s'ouvre sur un Nouveau Monde (écoute ou réécoute la symphonie d'Anton Dvořák[17]). Finir un discours offre une nouvelle dimension à cette relation que tu as construite avec toutes ces personnes rassemblées devant toi[18]. Le finale de ton discours prolonge cette relation au-delà de ta présence physique. À partir de là, tes auditeurs vont garder en eux tes mots, ta voix même… Et peut-être, espère-le, poser des actes.

---

antérieurement ; exciter les passions chez les auditeurs ; et enfin, récapituler ses arguments. » Aristote, *Rhétorique,* Livre III Chap XIX, 329-323 av. J.-C.

[14] Définition du CNRTL (Centre National de Ressources Textuelles et Lexicales).

[15] *Ibid.*

[16] « Sans doute, c'est dans la péroraison plus qu'ailleurs qu'il est permis d'ouvrir tous les trésors de l'éloquence. » Quintilien, *op. cit.,* Livre VI Chap. I.

[17] Anton Dvořák, *Symphonie n° 9 en mi mineur, B. 178 (op. 95) « Du Nouveau Monde »*, 1893.

[18] « C'est là qu'il faut porter l'émotion à son comble, comme au théâtre quand on est arrivé au dénouement. » *Ibid.*

Les missions du finale

L'instant mémorable

Cicéron définit le finale comme « la partie du discours où l'éloquence opère ses plus grandes merveilles[19]. » Cette partie a deux vocations : rendre le discours mémorable et pousser les auditeurs à l'action. La première vocation s'impose dans tous les cas. La deuxième est impérative pour les discours persuasifs et les discours inspirants ; elle reste optionnelle, mais quand même conseillée, dans le cadre des discours informatifs et des discours distrayants.

Le finale est en charge de quatre missions bien précises réunies sous l'acronyme D.E.B.OU. Ces quatre missions[20] sont : proposer un Digest, susciter l'Émotion, faire Bouger le public et coudre l'OUrlet. Bien qu'il puisse varier, c'est souvent dans cet ordre qu'on déroulera son finale. Résumer le propos marque le début du finale. Ensuite, il est judicieux d'émouvoir avant d'inciter à l'action. Enfin, l'ourlet fixe la limite du discours.

---

[19] Cicéron, *Brutus ou dialogue sur les orateurs illustres,* Chap. LI, 46 av. J.-C.

[20] Elles seront détaillées dans les sous-chapitres suivants.

Chaque mission possède un tropisme différent ; chacune touche un aspect particulier de l'être. Au total, quatre dimensions sont concernées : l'intellect, l'âme, le corps et la conscience. Plus il y aura d'aspects de son être profondément touchés, mieux l'auditeur accueillera ton discours.

En appliquant la méthode D.E.B.OU., tu te donnes toutes les chances de voir tes auditeurs se lever. Se lever pour témoigner que ton discours est mémorable en t'offrant ce dont rêve tout orateur : une *standing ovation,* le graal orgasmique suprême. Se lever pour passer à l'action tel que tu les as exhortés à le faire au plus vite.

Proposer un digest

La première mission du finale est de proposer un digest. Le mot « digest », entré dans le dictionnaire Larousse en 1953, vient de l'anglais *digest* (1555) qui signifie à l'origine « résumé ». Le mot anglais émane lui-même du latin *digesta* dérivé du verbe *digerere* qui a le sens de « digérer ».

Proposer un digest, c'est donc permettre à ton auditeur de digérer, d'assimiler, tout ce que tu lui as proposé dans le développement de ton discours[21]. C'est aussi le moment où il comprend qu'on arrive à la fin.

L'objectif est de ramener l'auditeur au thème de ton discours, de lui rappeler le sujet, de souligner les points importants de ton propos. C'est une façon de lui déclarer d'un ton équanime : « Voici ce que j'ai dit... », « Voici ce qu'il faut retenir... » À ces mots, ton auditeur saisit qu'il doit redoubler d'attention, car tu lui livres là la substantifique moelle de ton discours. Cette synthèse vient parler à son intellect.

Pars du principe que ton auditeur a peut-être décroché à certains moments de ta présentation. Il est donc de ton devoir de l'aider à repartir avec l'essentiel, en lui fournissant les éléments clefs de ton allocution[22]. Tu auras ainsi l'assurance qu'il retiendra de ton discours ce qui peut lui être utile et qu'il entendra ce message que tu tiens tant à faire passer.

Donne envie à ton auditeur de revenir dans ton discours, s'il s'en est écarté. S'il est toujours avec toi, offre-lui la quintessence de ta réflexion.

---

[21] « On doit commencer son résumé en disant qu'on a tenu tout ce qu'on avait annoncé ; on dit ensuite l'objet même de la question et les moyens qu'on a employés pour la développer. » Aristote, *op. cit.*

[22] « Dans la péroraison, il ne faut résumer que les arguments qui ont servi à la démonstration. » *Ibid.*

Susciter l'émotion

Émouvoir est un préalable à l'appel à l'action. Justement, dans « émouvoir » il y a « mouvoir », bouger. Le mot « émotion » vient de l'ancien français *motion*, « mouvement », emprunté au latin *motio* qui porte le même sens.

Ton finale doit donc aussi te servir à susciter l'émotion chez ton public[23]. C'est sa deuxième mission. Lorsque je suscite une émotion chez quelqu'un, j'entre dans une relation authentique avec lui. En usant de ce procédé à ce stade de ton discours, tu renforces avec ton auditeur le lien que tu avais tissé avec lui au cours de ton ouverture, dans la phase de connexion. Tu te relies à lui. « Lier » vient du latin *ligare* : « attacher, unir, joindre ». Relier, c'est rendre solidaires.

Pourquoi émouvoir ? Tout d'abord pour satisfaire à la première vocation de ta prise de parole : rendre ton discours mémorable. Tes auditeurs se souviendront beaucoup mieux de ce que tu as dit, si une émotion y est associée. Car alors, l'amygdale cérébrale, dont c'est l'un des rôles, viendra fortifier la rétention mnésique. Deuxièmement, c'est primordial si tu veux pousser ton public à

[23] « S'il faut exciter l'envie, la haine, la colère, c'est dans la péroraison plus qu'en toute autre partie qu'il faut se donner carrière. » Quintilien, *op. cit.*

l'action (la deuxième vocation). Dès la fin des années 1990, les recherches d'Antonio Damasio ont montré que la prise de décision est un mécanisme qui dépend des émotions[24].

Quelles émotions appeler ? Tous les psychologues s'entendent sur quatre émotions de base : la colère, la joie, la tristesse et la peur. La médecine traditionnelle chinoise les connaît depuis des millénaires. Tu peux jouer librement sur chacune de ces émotions primaires. Tu peux aussi préférer agir avec une précision chirurgicale en utilisant la palette de nuances[25] du psychologue Robert Plutchik (1927-2006).

Relier, c'est rendre solidaires

Si tu ne suscites aucune émotion, tu n'as que peu de chances d'engager ton public[26]. Car comme l'a dé-

[24] Antonio Damasio, *L'Erreur de Descartes,* Odile Jacob, 2010.
[25] Robert Plutchik, *Emotion : A Psychoevolutionary Synthesis,* Longman Higher Education, 1980.
[26] « Aussi, dans la péroraison plus qu'ailleurs, le pathétique doit-il aller toujours en augmentant, parce que tout ce qui n'ajoute pas à

montré Antonio Damasio grâce à des patients dénués d'émotions suite à des dommages cérébraux, le rationnel ne peut se passer de l'émotionnel. Sans émotion, ton discours restera sans suite et absent des mémoires.

Voilà pourquoi, il te faut absolument jouer sur l'affect. Il s'agit de « se rendre maître des cœurs[27] ». Déjà, les Anciens voyaient le pathos (du grec πάθος qui signifie « ce qu'on éprouve ; tout ce qui affecte le corps ou l'âme, en bien et en mal[28] ») comme un moyen de persuasion. Pincer la corde émotionnelle de ton auditeur, c'est parler à son âme. C'est l'interroger avec passion : « Que ressens-tu ? »

Faire bouger le public

Après l'émotion, le mouvement. La troisième mission du finale est de faire bouger le public, de le faire agir ou réagir. Cette mission s'impose pour les discours persuasifs et les discours inspirants ; elle est facultative en ce qui concerne les discours informatifs et peut même être négligée dans les discours distrayants.

---

ce qui a déjà été dit semble le diminuer, et qu'une passion qui décroît est bientôt éteinte. » Quintilien, *op. cit.*

[27] Quintilien, *op. cit.*, Livre VI Chap. II.

[28] Définition du CNRTL (Centre National de Ressources Textuelles et Lexicales).

C'est l'instant décisif pour que ton discours aboutisse à un résultat[29]. C'est le moment où ton auditeur prendra la décision de suivre tes recommandations ou de rester inactif selon qu'il aura été convaincu ou dissuadé par tes arguments, selon qu'il aura été ému ou insensible à l'écoute de ton histoire. Dans cette étape, tu t'adresses au corps, car c'est lui qui fera le geste attendu.

Si tu ne fais rien pour inciter ton public à passer à l'action, il y a peu de chances qu'il bouge de son propre chef. N'espère pas d'initiatives favorables de sa part en l'absence de consignes claires et nettes. Sans recommandations, ton propos restera lettre morte. Il ne bénéficiera ni à toi ni à tes auditeurs, chez qui tu voulais amener du changement.

Tu es sur l'estrade pour changer des choses, pour rendre service, pour améliorer la vie des gens, pour faire de ce monde un monde meilleur. Alors, invite ton auditoire à poser les actes qui vont dans ce sens. Formule-le explicitement, d'un ton impératif[30] : « Maintenant, fais ce qu'il faut ! »

---

[29] « Dans la péroraison, il s'agit de mettre les juges dans la disposition où l'on veut qu'ils soient en prononçant. » Quintilien, *op. cit.*, Livre VI Chap. I.

[30] « J'ai dit ; vous m'avez entendu ; vous savez tout. Jugez ! » Aristote, *op. cit.*

Coudre l'ourlet

Enfin, la quatrième mission consiste à coudre l'ourlet, à marquer sans ambiguïté la toute fin du discours. En couture, l'ourlet est une finition dont le but est d'éviter que le tissu ne s'effiloche. L'ourlet d'un discours peut être cousu à la machine (« Voilà, j'en ai terminé. »), ou bien confectionné à la main, avec amour, tout en dentelle, avec pour seule limite l'imagination de l'orateur.

Quel avantage y a-t-il à coudre l'ourlet ? Cela donne une limite claire et franche au discours. Il est fini dans tous les sens du terme : il est à la fois terminé et soigné, fignolé, poli. Tout produit s'apprécie non seulement pour son utilité, mais aussi, et parfois surtout, pour sa finition. Grâce à l'ourlet, les auditeurs comprennent qu'il est temps d'applaudir (on l'espère) et de passer à l'action sans attendre (on le souhaite encore plus).

Un discours sans ourlet s'effilochera immanquablement. Ce qui veut dire qu'il y aura un moment de flottement, marqué par l'hésitation du public : « C'est fini ? Va-t-elle encore parler ? » Avant que finalement deux ou trois personnes applaudissent, puis dix, vingt, et enfin toute la salle. Ce sentiment de doute fera malheureusement retomber l'intensité de l'émotion à laquelle tu avais hissé le public au cours de ta deuxième mission.

Une émotion en chassant une autre, tes auditeurs n'auront plus la même motivation que durant ta troisième mission pour agir. L'absence d'ourlet ruine le passage à l'action.

Affirme une dernière fois ton leadership par une fin parfaitement tracée. Une marque franche attestera de ta détermination. Ton public sera plus enclin à te suivre. C'est à sa conscience que tu parles, en déclarant en substance et avec exaltation : « J'en ai fini ! »

Impact maximum

Durant la rédaction de ton finale, garde bien en tête les quatre missions. Fais en sorte de respecter les tropismes. L'enjeu est de première importance : ton discours se doit d'être mémorable et de pousser le public à agir. Ce sont ses deux vocations. Ces dernières secondes sont décisives – au sens où elles doivent aboutir à une décision – pour la suite qui sera donnée à ton intervention.

L'idéal, et cela doit être clair pour toi, est de parler à chacune des parties de l'être : l'intellect, l'âme, le corps et la conscience. Autrement dit, fais en sorte que le finale de ton discours accomplisse toutes les missions qui lui incombent.

Ne pense qu'à satisfaire ces quatre intentions en suivant la méthode D.E.B.OU. : Digest, Émotion, Bougement, OUrlet. Plus ton finale cochera de cases, plus massif sera son impact. Et plus tu auras de chances d'engager ton auditoire.

Les quatre missions déroulées successivement se résument à une formule en quatre mouvements de ce type : « Retiens bien ceci ! Que ressens-tu ? Maintenant, fais ce qu'il faut ! J'en ai fini. » Tu résumes ton propos, tu en appelles aux émotions de l'auditeur, tu l'incites à passer à l'action, et tu le salues. Si tu parviens à remplir les quatre missions de ton finale avec maestria[31] en parlant à toutes les dimensions de l'être, tu es assuré de graver ton discours dans la mémoire de ton auditoire, de l'imprimer dans le cœur de tes spectateurs, et de pousser par ta conviction ton public à l'action.

Vingt-huit techniques

Chacune des quatre missions offre sept techniques spécifiques. Certaines sont conçues pour proposer un digest, d'autres pour susciter l'émotion, d'autres encore pour faire bouger le public, et les dernières pour coudre l'our-

[31] « La péroraison complète et termine tout le discours. Cicéron, *De l'invention*, Livre I Chap. LII, 84 av. J.-C.

let. Cela ne signifie nullement qu'une technique parfaitement adaptée à une mission particulière ne peut être utilisée dans le cadre des trois autres missions. La majorité des techniques de finale sont multivalentes, cependant elles ont toutes une mission dominante.

Dans les chapitres suivants, nous examinerons l'ensemble des vingt-huit techniques proposées. Nous verrons pour chacune en quoi elle consiste, dans quelles circonstances il est utile d'en faire usage, et quels avantages elle offre. Puis nous commenterons l'application pratique de chaque technique à travers un exemple de finale de discours tiré de prises de parole historiques ou contemporaines.

Pour chaque exemple de finale de discours, un QR code est disponible. Je t'encourage vivement à scanner ce code (ou à cliquer dessus si tu lis la version numérique de ce livre) pour accéder au discours, soit en version vidéo ou audio lorsqu'elle est disponible, soit en transcription intégrale à défaut. La consultation du document multimédia te permettra de mieux mesurer l'impact obtenu par l'emploi d'une technique de finale donnée.

Il faut garder le dessert pour la fin.

LA QUINTESSENCE

D.E.B.OU.

Les 4 missions du finale

Rends ton discours mémorable !
Pousse ton public à l'action !

D.E.B.OU.	1	2	3	4
	Digest	Émotion	Bougement	Ourlet
Mission	Proposer un digest	Susciter l'émotion	Faire bouger le public	Coudre l'ourlet
Tropisme	Intellect	Âme	Corps	Conscience
Message	Retiens bien ceci	Que ressens-tu ?	Maintenant, fais ce qu'il faut !	J'en ai fini
Ton	Équanime	Passioné	Impératif	Exalté

QUIZZ 1

1.1. Le finale est-il ? a) infinitif. – b) poussif. – c) évasif. – d) décisif. – e) intrusif.

1.2. Le finale marque la fin : a) du film. – b) des haricots. – c) du discours. – d) de la vie. – e) du monde.

1.3. Comment les Anciens appelaient-ils le finale ? a) l'oraison. – b) la péroraison. – c) c'est-toi-qui-a-raison. – d) l'exorde. – e) la déraison.

1.4. Quelle mission est-il recommandé de remplir en premier ? a) coudre l'ourlet. – b) servir un digestif – c) faire bouger le public. – d) susciter l'émotion. – e) proposer un digest.

1.5. Une technique de finale peut remplir plusieurs missions à la fois : a) vrai. – b) faux.

1.6. À quelle partie de l'être le finale ne parle-t-il pas ? a) au corps. – b) à la conscience. – c) à l'intellect. – d) à l'âme. – e) à mon c...

1.7. Proposer un digest, revient à dire : a) voici ce qu'il faut retenir. – b) je n'ai plus rien à dire. – c) qu'est-ce que je te sers ? – d) j'ai trop mangé. – e) que dirais-tu d'un geste déplacé ?

1.8. Le mot « émotion » vient du latin : a) emoji. – b) émoticône. – c) hémorragie. – d) *motio*. – e) en fait, ça vient de l'Amérindien.

1.9. Faire bouger le public, revient à : a) le secouer pour mélanger la pulpe. – b) l'inciter à passer à l'action. – c) ambiancer le *dancefloor*. – d) le faire changer de place. – e) l'envoyer à une autre adresse.

1.10. Coudre l'ourlet, sert à : a) marquer la fin du discours. – b) rallonger son pantalon. – c) raccourcir son jupe. – d) faire disparaître ses bourrelets. – e) jouer au tailleur.

1.11. Quelle est la méthode préconisée pour concevoir un finale : a) D.E.B.OU. – b) A.C.I.S. – c) H.O.P.L.A. – d) A.J.N.OU. – e) KH.OU.SH.É.

1.12. Combien de techniques de finale contient ce livre ? a) $2\sqrt{\pi}$. – b) deux fois le nombre de mois qu'il y a dans une année plus le nombre d'ingrédients d'un quatre-quarts. – c) 36. – d) 1 963. – e) 40 075.

I

Les techniques pour proposer un digest

En résumé, j'aimerais avoir un message un peu positif à vous transmettre. Je n'en ai pas… Est-ce que deux messages négatifs, ça vous irait ?

Woody Allen

LES TECHNIQUES DE CETTE CATÉGORIE ont pour intérêt de rassembler tout ce qui a été dit dans une forme aisée à retenir, de manière à favoriser une rétention optimale de l'information. « Récapituler ses arguments » fait partie des quatre objets attribués à la péroraison selon Aristote[32]. À cette section, Cicéron donne le nom d'« énumération[33] ».

---

[32] Aristote, *op. cit.*

[33] « L'énumération recueille et rappelle en peu de mots ce dont nous avons parlé, pour en renouveler le souvenir, et non pour les répéter ; elle reproduit l'ordre que nous avons suivi dans nos pensées, afin que l'auditeur, s'il les a confiées à sa mémoire, puisse les y retrouver

Relier à plus vaste, ramener au sujet, reprendre le titre, récapituler les points, livrer les clefs, tirer les leçons, dire une citation : ces sept techniques ont pour but de condenser le propos en quelques éléments essentiels, de composer un mémento à usage pratique.

La manœuvre sera d'autant plus aisée que l'objectif du discours était clair et le plan structuré avec rigueur. Chaque question posée dans le développement est ramenée à sa réponse, chaque problème à sa résolution, chaque démonstration à son résultat. Tout ici doit se dénouer dans l'évidence sans laisser d'ombres dans l'esprit de l'auditeur. Lorsque le discours est bref et facilement mémorisable, le condensé peut être négligé[34].

Proposer un digest, première mission à remplir, marque le début de la fin, ramène ou élève l'attention de l'auditoire, et sert la première vocation d'un finale : rendre le discours mémorable. L'orateur doit faire en sorte de faciliter le processus.

---

avec ce secours. » Cicéron, *Rhétorique à Herennius,* Livre II Chap. XXX, 86-82 av. J.-C.

[34] « Quant à la péroraison, elle ne trouve pas même place dans toute plaidoirie judiciaire, si les développements ont été courts, et que le sujet soit facile à retenir. On la retranche alors, afin de ne pas allonger inutilement ce qu'on dit. » Aristote, *op. cit.,* Livre III Chap. XIII.

Relier à plus vaste

Relier le sujet du discours à un ensemble plus vaste, c'est lui donner une plus large sortie, une plus longue portée. C'est une façon d'inscrire le discours dans une puissante caisse de résonance, en soulignant des connexions peu apparentes ou invisibles à première vue.

En dramatisant ton propos, tu t'offres plus de chances de sensibiliser ton public à un enjeu crucial. Cela peut signaler une urgence qu'il n'avait pas perçue de prime abord, et faciliter un passage rapide à l'action. Relier à plus vaste participe du processus d'amplification[35] propre à émouvoir, processus que l'on renforcera dans la seconde mission.

Par un changement de focale, le procédé offre à tes auditeurs la possibilité de prendre du recul. En élargissant ton sujet, tu leur montres qu'il n'est qu'un fil appartenant à une grosse corde, et que pour la dénouer, il faut en passer par la résolution de la question que tu as soulevée dans ton discours. L'action directe, que tu récla-

---

[35] « La péroraison, entre autres lieux, emploie surtout l'amplification, dont l'effet doit être d'exciter ou de calmer les esprits, et, s'ils sont déjà émus, d'augmenter cette émotion ou de l'affaiblir. » Cicéron, *Topiques,* Chap. XXVI, 44 av. J.-C.

meras dans la troisième mission, aura donc des répercussions hors cadre, bien au-delà de ton sujet.

Plusieurs pistes, plus ou moins proches, existent pour mettre en œuvre cette technique. Si ton discours appartient à une série de conférences reliées par un thème commun, tu peux naturellement revenir à ce thème. Supposons que ta conférence sur l'échec soit au programme d'un symposium sur la réussite. Tu pourrais entamer ton finale de cette manière : « De même que dans le Taiji (le symbole Yin-Yang), un point blanc apparaît au cœur de la partie sombre, dans l'échec sommeille le germe du succès. »

Relier ton discours à l'actualité présente aussi un intérêt. Ton public en est sûrement informé et peut-être y est-il sensible. Et s'il ne l'est pas, à cause de la distance par exemple ou de la rareté des informations à ce sujet, à toi de l'éduquer brièvement pour le rendre réceptif. Les causes nationales ou internationales, les événements historiques, la spiritualité sont aussi de bonnes occasions de relier ton discours à des enjeux plus élevés.

> *[...] Je ne doute pas que, par votre entente dans le campement, votre courage au combat et votre obéissance envers moi-même et envers mon général, nous ne remportions dans*

peu de temps une glorieuse victoire sur les ennemis de Dieu et de mon royaume.

Elisabeth Ire d'Angleterre
Tilbury
9 août 1588
288 mots

Au moment où Elisabeth Ire, cuirassée d'argent et montée sur un cheval blanc, harangue ses troupes, elle ignore encore que sa flotte vient de défaire l'Invincible Armada du Roi Catholique Philippe II d'Espagne. Son discours commence par la justification de sa venue au front, puis elle s'en prend à ses ennemis, avant de louer son peuple. Dans son finale, la Reine élargit l'enjeu de la bataille au royaume et bien sûr à la gloire de Dieu.

texte

Cas d'école n° 1

Ce discours correspond à un projet Toastmasters consistant à faire l'éloge de quelqu'un, mort ou vivant, réel ou de fiction. J'ai choisi de faire l'éloge de Krishnamurti, figure spirituelle du XXe siècle, à l'occasion du lancement imaginaire d'un projet d'ouverture d'une école portant son nom.

[...] Si vous voulez aider vos enfants à devenir des êtres libres et heureux, si vous croyez qu'il est possible de vivre dans un monde meilleur, si vous pensez qu'il existe une autre voie que le scrutin ou la révolution, soutenez ce projet d'une école différente, soutenez ce projet d'une école consciente.

Le discours commence par mon intérêt pour la spiritualité, se poursuit par l'annonce de l'ouverture d'une école Krishnamurti, puis en arrive à la biographie détaillée du penseur. Le finale part de l'intérêt individuel des élèves pour se relier directement à plus vaste : un monde meilleur.

Ramener au sujet

Ramener au sujet est particulièrement opportun dans le cas d'une conférence de longue durée, surtout si son développement a fait l'objet de digressions. La technique permet alors de rassembler tous les éléments du discours qui paraissaient disparates et de resserrer sur le point de départ.

Si l'essentiel de ton développement s'appuie sur du *storytelling* dont le lien avec ton message n'est pas d'emblée évident, un retour au sujet éclaircira tes auditeurs. C'est une manière de répondre au public, qui, même s'il est captivé par l'histoire, se demande à un moment : « Mais pourquoi nous raconte-t-il tout ça ? »

Lorsque tu cites des faits anecdotiques, historiques, scientifiques, sans liens flagrants entre eux, il est important d'indiquer à la fin que le point commun de tous ces chapitres, c'est ton sujet. C'est à cet instant que tu mets tout en rapport, que tu fais apparaître comme par magie les liens volontairement occultes entre les différentes parties et le sujet. Relier les pièces du puzzle peut être exécuté en une ou deux phrases. Tu attires l'attention sur un point qui avait échappé à l'auditoire.

À l'occasion d'une conférence sur l'identité, dans le développement de laquelle tu auras résumé plusieurs contes de fées sans rapport entre eux, tu pourras introduire ton finale de cette façon : « Dans tous ces contes de fées, les personnages n'ont pas de noms, pas d'identités propres. Ils sont seulement le roi, la reine, la marâtre, l'ogre, la sorcière, le paysan. » À ce moment, le lien entre ces histoires de traditions diverses, indétectable auparavant, apparaît dans toute sa clarté et ramène immédiatement à ton sujet.

> *[...] Confiants en l'Éternel Tout-Puissant, nous signons cette Déclaration en cette séance du Conseil Provisoire de l'État, sur le sol de la Patrie, dans la ville de Tel-Aviv, cette veille de Shabbath, 5 Iyar 5708, 14 mai 1948.*

David Ben Gourion
Tel-Aviv
14 mai 1948
12 minutes

Après avoir retracé toute l'histoire du peuple juif (fondation, exil, holocauste, sionisme, résolution de l'ONU), David Ben Gourion invite les états voisins à préserver la paix. Puis, dans sa conclusion, il revient au sujet de son discours évoqué en préambule : la proclamation de l'État d'Israël.

audio

Cas d'école n° 2

Cette conférence qui a pour titre « Une Révolution Personnelle » propose une voie de transformation intérieure.

[…] Derrière leur apparente simplicité, les quatre accords toltèques cachent l'opportunité d'une puissante révolution personnelle. 1- Que ta parole soit impeccable. 2- Quoiqu'il arrive, n'en fais pas une affaire personnelle. 3- Ne fais pas de suppositions. 4- Fais toujours de ton mieux. Laissons le dernier mot à Socrate : « On ne peut mieux vivre qu'en cherchant à devenir meilleur ni plus agréablement qu'en ayant la pleine conscience de son amélioration. »

Le développement de ce discours présente les quatre accords toltèques l'un après l'autre, de façon détaillée et illustrée, sans liens entre eux. Le finale est l'occasion de les relier entre eux en les ramenant au sujet de la conférence : la révolution personnelle.

Reprendre le titre

Reprendre le titre est une technique qui ne présente que très peu de difficultés. À condition, bien sûr, qu'il en vaille la peine. Un titre aussi sobre et laconique que « Paroles » se prêtera peu à l'exercice. De même, un titre long comme l'intitulé d'une thèse ne sera pas vraiment adapté à une reprise : « Implication des récepteurs 5-HT2A dans la modulation des interneurones PKC gamma dans un contexte d'allodynie[36] » rend la tâche pour le moins ardue.

Il y a plusieurs cas où le procédé se révèle payant. Parmi eux, celui du titre qui comporte une grande part de mystère. Depuis plusieurs jours, les participants se demandent ce qu'il peut bien signifier. Durant le développement, ils n'en ont pas, à dessein, trouvé toutes les clefs. Il est donc temps, à l'entame du finale, de résoudre l'énigme qui apportera un peu de soulagement et sûrement, si l'information est bien amenée, une sorte de plaisir, tel qu'on en tire à la résolution d'un tour de magie, qui mettra le public dans une disposition favorable pour la suite.

---

[36] Noémie Mermet, 1er prix du jury au concours international « Ma thèse en 180 secondes » (2014). youtu.be/LefD1DFmbvA

Une autre occasion se présente lorsque le titre est rédigé sous forme de *punchline,* ou de slogan. Le reprendre au finale contamine les esprits et aide à sa mémorisation en l'ancrant durablement. Pour une conférence sur le yoga : « Étirez le chat qui est en vous ! ». Sur le bonheur : « Ça vaut la peine d'être heureux ! ». Sur les dangers du sucre : « Le sucre, blanc comme neige ? »

Une situation propice est aussi celle du titre en forme de question : « Combien de temps reste-t-il à l'humanité ? » L'idée est alors, après avoir énuméré dans le développement tous les dangers qui nous guettent, de reprendre le titre en apportant aussitôt un début de réponse.

Un titre affichant un paradoxe provocateur peut également s'avérer avantageux : « Les Américains n'ont pas marché sur la lune. » À la lecture de cette affiche, l'auditeur se dit sûrement : « Encore un sombre complotiste qui va nous faire le coup des photos truquées par les Illuminatis reptiliens pour nous sucer la moelle des os et dominer le monde ! » Mais, ô surprise, le finale commence ainsi : « Les Américains n'ont pas marché sur la lune : ce sont les nazis[37] qui l'ont fait. »

---

[37] L'un des principaux contributeurs du programme Apollo, Wernher von Braun (à la tête d'une équipe d'une centaine d'ingénieurs allemands), était un criminel nazi notoire ayant dirigé la production

[...] Alors, quand je fais mon boulot pour réveiller l'Afrique, le géant endormi, afin qu'il prenne la place qui lui revient sur la scène mondiale, vous pouvez aussi faire votre part. Soyez davantage à l'écoute. Écoutez vos amis africains sans idée préconçue de ce que vous pensez qu'ils vont dire. Lisez des auteurs africains. Oh, mon Dieu ! regardez des films africains. Ou tout au moins, apprenez certains des noms de nos 54 magnifiques pays. C'est bien ça, 54, mon chou, cinq et quatre. OK, les amis, tout est vrai et j'ai été honnête avec vous. À la prochaine, on se revoit plus tard. Salut !

Adeola Fayehun
Conférence virtuelle
Mai 2020
6 minutes

Le titre de cette conférence TED est « L'Afrique est un géant endormi ». Tout le développement du discours d'Adeola justifie ce titre implicitement. Le début du finale le confirme explicitement en le reprenant sous la forme d'une expression : « L'Afrique, le géant endormi ».

---

de missiles allemands durant la Deuxième Guerre Mondiale, et un gros consommateur de travailleurs forcés parqués dans des conditions déplorables.

vidéo

Cas d'école n° 3

Cette conférence s'intitule « L'Étincelle de l'Échec » et démontre, à travers plusieurs expériences, qu'il est toujours possible de transformer un échec en succès.

[…] Toutes ces situations que vous considérez comme des échecs constituent de l'énergie stagnante, un boulet qui vous empêche d'avancer.

Heureusement, au cœur de chaque échec se trouve une étincelle qui peut libérer cette énergie et vous mettre sur la voie du succès. Dès demain, asseyez-vous calmement à votre table. Et pour chacun de vos soi-disant échecs du passé, trouvez l'étincelle qui ranimera la flamme de votre réussite. Trouvez l'étincelle qui enflammera votre entourage ! Trouvez l'étincelle qui embrasera le monde !

Le finale ne reprend pas nécessairement le titre tel quel. Ici, il en intègre chacun des mots principaux dans une phrase complète qui le justifie a posteriori et dissipe tout mystère dont il aurait pu faire l'objet avant la conférence.

Récapituler les points

Cette partie du finale, les Latins l'appelaient l'énumération et les Grecs avant eux, ἀνακεφακαίωσις (*anakefakaíosis*), qui signifie « récapitulation ». Récapituler revient à reprendre les points principaux, à les résumer en les ramenant à l'essentiel[38]. Le mot vient du latin *recapitulare* qui signifie au sens propre « reprendre au début, à la tête », le radical *caput* désignant la tête.

Il ne s'agit pas de répéter simplement tout ce qu'on a dit au risque d'insulter l'intelligence de l'auditeur[39]. Les éléments, les principaux uniquement, seront

[38] « [L'énumération] Son objet est de rafraîchir la mémoire du juge, de lui mettre en un moment la cause entière sous les yeux, et de faire valoir en masse ce qui, en détail, a pu ne produire qu'un effet médiocre. » Quintilien, *op. cit.*
[39] « Rien ne déplaît plus qu'une répétition pure et simple qui semble se défier de la mémoire des juges. » Quintilien, *op. cit.*

repris, sans l'argumentation et sans les éventuelles illustrations qui ont mené à leur déduction, dans le seul but de rafraîchir la mémoire de l'auditoire et de condenser avec force le propos.

Laisse une empreinte lisible

Afin de laisser dans les esprits l'empreinte la plus lisible possible, les points essentiels sont à rappeler dans l'ordre où ils ont été cités au cours du développement, restant dans l'enchaînement logique de la démonstration. En procédant à une récapitulation succincte et ordonnée, tu t'assures que tes auditeurs retiennent ce qu'il est important qu'ils retiennent pour pouvoir passer à l'action comme tu le leur demanderas (troisième mission[10]).

« En résumé, j'aimerais, sommairement et avec concision, rassembler un bref bilan condensé de l'essen-

---

[40] « La conclusion est mauvaise, si elle ne s'attache pas à l'ordre établi dans le discours ; si elle n'est pas succincte. » Cicéron, *Rhétorique à Herennius*, Livre II Chap. XIX.

tiel, point par point, en guise de synthèse récapitulative. » Du style ! De la classe ! Que diable ! Introduire cette étape par « En résumé… » ou « Pour résumer… » est efficace, mais peu subtil. N'utilise cette formule que faute de mieux. Tu peux aussi pencher pour la liste à puces : « Les trois modes de cuisson à l'eau de l'œuf sont donc : l'œuf à la coque (3 minutes), l'œuf mollet (6 minutes) et l'œuf dur (9 minutes) – 3, 6, 9. Simple, non ? Je n'ai plus qu'à vous inviter amicalement à aller vous en faire cuire un ! » Ou encore, tu peux lier les points par des adverbes : « Tout d'abord, nous avons évoqué… Puis, nous avons cité le cas de… Enfin, nous nous sommes rendu compte que… » Si deux points s'opposent ou sont en contradiction et mènent à une troisième voie, la formule suivante peut s'adapter : « D'un côté, nous avons vu que… D'autre part, il ne fait aucun doute que… Ce qui nous a amenés à envisager… »

Une manière élégante de récapituler les points, si la situation s'y prête, est de les insérer dans une phrase où les étapes principales sont reprises. Voici ce que cela donnerait pour une conférence sur la réparation de vélo (une circonférence !) : « Après avoir repéré l'orifice en plongeant la chambre à air dans une bassine d'eau, collé une rustine au bon endroit et laissé sécher cinq minutes, vous n'aurez plus qu'à remonter gaillardement sur votre vélo. » Bon d'accord, on dirait les pubs qui passent sur les écrans de télé en tête de gondole dans les magasins de bricolage pour vanter la colle Kiglutou. Sans doute, seras-tu plus convaincu par le grand Cicéron qui utilise la formule avec raffinement :

> *[...] C'est vous maintenant que j'implore, ô souverain des immortels, Jupiter, que Verrès a frustré d'une offrande royale, digne du plus beau de tous vos temples, digne du Capitole, le chef-lieu des nations, inestimable don, préparé pour vous par des rois, et solennellement promis à vos autels, mais arraché des mains d'un roi par un attentat sacrilège ; vous, dont il a enlevé de Syracuse la statue la plus belle et la plus révérée : et vous, Junon, reine des dieux, de qui deux temples antiques et vénérables, érigés dans deux villes de nos alliés, à Malte et à Samos, ont été, par un crime semblable, dépouillés de leurs offrandes et de tous leurs ornements [...] Je vous atteste et vous implore, vous surtout, déesses vénérables, qui habitez les fontaines et les bois d'Enna, qui présidez à toute la Sicile, dont la défense m'a été confiée ; vous qui, pour avoir découvert et distribué par tout l'univers les plus utiles productions de la terre, avez mérité les hommages religieux de toutes les nations : vous tous enfin, dieux et déesses, que j'atteste et que j'implore aussi, vous à qui son audace et sa fureur ont toujours déclaré une guerre impie et sacri-*

lège : si, en appelant sur cet accusé la sévérité des lois, je n'ai considéré que le salut des alliés, la dignité du peuple romain, mon devoir ; si tous mes soins, si toutes mes veilles et toutes mes pensées n'ont eu pour objet que la justice et la vérité, faites que les juges, en prononçant l'arrêt, soient animés du même sentiment d'honneur et de probité qui m'inspirait moi-même lorsque j'ai entrepris et défendu cette cause. Et vous, juges, si la scélératesse, l'audace, la perfidie, la débauche, l'avarice, la cruauté de Verrès sont des crimes sans exemple, que votre arrêt lui fasse subir le sort que mérite une vie souillée de tant de forfaits : que la République et ma conscience ne m'imposent plus un devoir aussi rigoureux, et qu'il me soit permis désormais de défendre les bons citoyens, sans être réduit à la nécessité d'accuser les méchants.

Cicéron
Rome
Août 70 av. J.-C.

Voici un bel exemple de l'éloquence de Cicéron. Plutôt que de faire la simple énumération des larcins de Verrès, Cicéron choisit, dans une brillante apostrophe, d'invoquer les divinités dont les temples ont été pillés afin qu'elles inspirent aux juges une juste sentence. La manœuvre transforme des chapardages de la pire bassesse en offenses des plus outrageuses. J'ai coupé la péroraison en son milieu, car la liste était longue, chaque brigandage étant décrit avec la même emphase : outre Jupiter et Junon, ont été bafoués Minerve, Latone, Apollon, Diane, Mercure, Hercule, Castor, Pollux, Cérès et Proserpine.

texte

Cas d'école n° 4

Une conférence intitulée « Agnodice ou la Détermination ». Agnodice vivait à Athènes dans l'Antiquité à une époque où l'exercice de la médecine était interdit aux femmes. Malgré cela, risquant la mort, elle se forma auprès du célèbre gynécologue Hérophile, celui-là même qui découvrit les ovaires et les nomma « testicules des femmes ». Justement, Agnodice en avait !

[…] Pour tous ceux et toutes celles, qui se laissent impressionner par les obstacles qui leur barrent la route du succès, Agnodice est un exemple de détermination inspirant. Les obstacles ne sont que des opportunités de devenir plus fort. Dépassez-les et allez jusqu'au bout de vos rêves. Agnodice a quitté sa famille, elle a traversé la mer seule, elle a étudié pendant des mois loin de sa cité, elle s'est cachée pour exercer, elle a enfreint la loi pour accomplir sa mission, elle fut

condamnée à mort, puis graciée. Et finalement, elle a changé la vie des femmes, elle a changé la loi, elle a changé le monde... en devenant la première femme médecin. « This is a man's world. » C'est un monde d'homme, mais il ne serait rien sans la détermination des femmes.

Le finale récapitule en une seule phrase tout le parcours d'Agnodice, donnant un effet d'accélération, pour aboutir aux conséquences heureuses de ses choix risqués. Le titre de la chanson de James Brown « This is a man's world » renvoie, sous forme de boucle, à l'ouverture où elle était citée une première fois.

Livrer les clefs

Une autre façon de résumer ton propos est de fournir à tes auditeurs les clefs qui leur permettront de prendre les bonnes décisions.

Si durant ton développement, tu n'as fait que soulever des problèmes, il est temps, dans ton finale, de donner les solutions, tes solutions. Si tu as soulevé des questions, apporte les réponses. Si tu as suscité des désirs, offre la possibilité de les assouvir.

Après avoir construit ton discours sur une ou plusieurs énigmes, le moment est venu d'en livrer les clefs. À la façon d'un *whodunit,* tu auras pris soin de semer des indices dans ton développement. De son côté, l'auditeur aura cherché à éclaircir le mystère par lui-même. Et lorsqu'à la fin, telle Agatha Christie lumineuse, tu réunis tous les protagonistes dans la salle principale pour lever le voile, l'auditeur boit tes paroles. Soit, il a résolu l'énigme avant que tu n'arrives aux conclusions, et il est ravi, fier d'avoir fait preuve de tant de sagacité. Soit, seconde possibilité, il s'est fourvoyé dans les hypothèses les plus oiseuses et n'a pas réussi à percer le secret ; il est alors étonné par la révélation à laquelle il ne s'attendait pas du tout. Dans les deux situations, il aura vécu une émotion : satisfaction ou surprise. Et c'est cela qui fait qu'il retiendra ton discours de manière prégnante. Car, faut-il le répéter, nous retenons mieux les émotions que les mots.

Durant ton développement, tu viens de raconter de manière vivante l'allégorie de la caverne[41] de Platon. Dans ton finale, avant d'en livrer une exégèse sous l'angle de la libération du conditionnement chère à Krishnamurti[42], tu commences par un décryptage aux goûts

---

[41] Platon, *La République,* Livre VII, 315 av. J.-C.
[42] Krishnamurti, *Se libérer du connu,* 1995.

du jour : « La caverne représente la Matrice ou, selon le personnage de Morpheus, "le monde, qu'on superpose à ton regard pour t'empêcher de voir la vérité[43]". Les hommes de la caverne qui contemplent les ombres sont donc dans l'illusion de la projection. Tandis que l'homme qui marche vers la lumière est l'Élu, celui qui a choisi d'avaler la pilule rouge. Cette sortie de la caverne est une métaphore de l'Éveil. Car le soleil symbolise l'idée du Bien. »

Ce que tu veux dans cette phase du finale, c'est que les auditeurs retiennent ce que tu as dit. Livrer les clefs est une technique qui te comblera à bien des égards.

> *[L'orateur affiche sur l'écran un dessin où l'on voit deux poissons dans un bocal. L'un dit à l'autre : « Tu peux être ce que tu veux : il n'y a aucune limite. »] Pour conclure. Vous êtes supposés lire ceci, et, en tant que personne sophistiquée, dire : « Que sait-il ce poisson ? Vous savez que rien n'est possible dans un bocal à poissons ». Imagination appauvrie, vue myope du monde, et c'est ce que j'avais compris la première fois. Mais plus j'y pensais et plus je comprenais que le poisson sait quelque chose. Car la vérité c'est que si vous faites exploser le bocal pour tout rendre possible, vous n'obtenez pas la*

---

[43] Larry et Andy Wachowski (Lana et Lilly depuis leur transition de genre), *Matrix*, 1999.

liberté, mais la paralysie. Si vous faites exploser le bocal, vous diminuez la satisfaction et vous augmentez la paralysie. Tout le monde a besoin d'un bocal à poisson. Celui-ci est sûrement trop petit – même pour un poisson, et sûrement pour nous. Mais l'absence d'un bocal métaphorique conduit à la misère, et, je le suspecte, au désastre.

Barry Schwartz
Oxford
Juillet 2005
19 minutes

Au cours de cette conférence intitulée « Le paradoxe du choix », l'orateur défend la thèse que l'abondance de choix proposée par notre société moderne mène soit à la paralysie soit aux regrets. Dès son ouverture, Barry Schwartz nous annonce qu'il nous donnera les connexions qui nous échapperaient. Dans son finale, après avoir affiché un dessin humoristique, il nous en livre les clefs cachées.

vidéo

Cas d'école n° 5

Je parle ici de mon premier stage de vol à voile à l'âge de quinze ans, du plaisir qu'il m'a procuré et des leçons que j'en ai tirées.

[…] En planeur, on vous aide à décoller. Mais une fois en l'air, vous ne pouvez compter que sur vous-même pour maintenir votre planeur en altitude. Il n'y a pas de compétition avec les autres. Il y a simplement un environnement, ni bon ni mauvais, qu'il faut savoir utiliser à son profit.

Et pour cela, il suffit de ne pas craindre les turbulences et de rester à l'affût des opportunités, détecter les signes qui indiquent un courant ascendant : la forme d'un nuage, des oiseaux qui tournoient…

Les montagnes sont-elles des obstacles à craindre ? Au contraire, on s'y confronte, on s'approche au plus près, on s'appuie dessus pour gagner en altitude, grâce au vent qui en suit le relief.

Et enfin la plus grande leçon, c'est que même après seulement quelques minutes, atterrir n'est pas un échec ; l'échec, c'est de ne pas redécoller.

Dans le finale, je donne les clefs qui font du vol en planeur une parabole de l'entrée dans la vie active : les alliés, les vicissitudes, les opportunités, l'ascension, la chute et la résilience.

Tirer les leçons

Une leçon est un enseignement profitable qu'une personne peut tirer d'un événement, d'une situation ou d'une expérience. Le mot est emprunté au latin *lectio* qui a le sens de « lecture ». C'est donc la lecture éclairée que l'on peut extraire d'un fait. Dans cette acception, le mot apparaît pour la première fois en 1668 dans la comédie-ballet de Molière et Lully *Georges Dandin ou le mari confondu*[44].

Les leçons que l'on peut tirer d'un discours rassemblent le propos et le résument à sa quintessence[45].

[44] « GEORGE DANDIN.— Ah ! qu'une femme Demoiselle est une étrange affaire, et que mon mariage est une leçon bien parlante à tous les paysans qui veulent s'élever au-dessus de leur condition, et s'allier comme j'ai fait à la maison d'un gentilhomme. » Molière, *George Dandin ou le mari confondu,* Acte I Scène 1, 1668.

[45] Pour les philosophes de l'Antiquité, la quintessence (cinquième essence) s'ajoute au quatre premiers éléments définis par Empédocle (l'air, le feu, l'eau et la terre) et assure leur cohésion.

Elles offrent au public, sous une forme condensée, l'essentiel de ce qui a été dit. En dégageant de son allocution les préceptes majeurs, l'orateur aide avec pédagogie le public à intégrer les plus grands bénéfices de son message.

Si ton intervention se présente sous la forme d'un apologue, d'une fable, d'un conte, d'une allégorie ou d'une parabole, tu te dois, dans ton finale, après en avoir décodé les symboles, d'en révéler le sens caché et profond, afin que chacun puisse se pénétrer avec bonheur d'une vérité instructive.

En plus de proposer une synthèse, la technique de « tirer les leçons » remplit un rôle éducatif. La Fontaine est passé maître dans l'art de livrer une morale en un ou deux vers. Florilège : « Le travail est un trésor[46]. », « Patience et longueur de temps font plus que force ni que rage[47]. », « Garde-toi, tant que tu vivras, de juger les gens sur la mine[48]. »

Un discours sur les vertus de l'entraide pourrait donner l'occasion d'une leçon telle que celle-ci : « Aider

---

Pour l'alchimiste, elle constitue la substance subtile résultant de distillations successives.

[46] *Le Laboureur et ses Enfants,* V, 9.

[47] *Le Lion et le Rat,* II, 11.

[48] *Le Cochet, le Chat et le Souriceau,* VI, 5.

les autres à vaincre enrichit plus que de gagner seul. » Cette technique est l'occasion de livrer ta philosophie de manière épurée, mais tranchante.

> *[...] Il est normal d'avoir des préférences pour un type d'avenir plutôt que pour un autre. Mais lorsque ces préférences nous tiraillent trop fort et trop vite et que nous surestimons la différence du résultat de nos choix, nous sommes en danger. Lorsque notre ambition est maîtrisée, elle nous mène à la joie. Lorsque notre ambition est débridée, elle nous pousse à mentir, tricher, voler, blesser les autres et à sacrifier ce qui importe vraiment. Quand nos craintes sont contenues, nous sommes prudents, circonspects, attentionnés. Quand nos peurs sont débridées et amplifiées, nous sommes irréfléchis et lâches. La leçon que j'aimerais que vous tiriez de ces données est que nos désirs et nos inquiétudes sont souvent démesurés, car nous possédons la faculté de fabriquer précisément le bonheur que nous recherchons.*

Dan Gilbert
Monterey
Février 2004
20 minutes

Tout au long de sa conférence « La science surprenante du bonheur », Dan Gilbert, psychologue spécialiste du bonheur, nous décrit plusieurs expériences sur le « bonheur fabriqué » (par opposition au bonheur naturel). Arrivé au terme de son discours, il tire pour nous la leçon des résultats surprenants de ces expériences.

vidéo

Cas d'école n° 6

Ce discours raconte ma première expérience de voyage astral, aussi appelé projection astrale ou sortie hors du corps (*Out of Body Experience* en anglais), un phénomène que connaissent certains rescapés de la mort, accidentés ou opérés chirurgicalement, et que l'on peut provoquer volontairement[49].

[…] De cette expérience de voyage astral, j'ai retenu une chose qui a changé mon regard sur la vie. Notre âme, ou

---

[49] Le Docteur Raymond Moody est le premier à avoir abordé le sujet dans son livre *La vie après la vie* (Robert Laffont, 1977). Pendant plus de vingt ans il a recueilli les témoignages de personnes ayant vécu une expérience de mort imminente (N.D.E., *Near Death Experience*).

notre esprit, est indépendante de notre corps physique. Elle était là avant, elle sera là après. Notre vie sur Terre n'est qu'un passage. Sur le plan physique, nous pouvons considérer qu'il y a une naissance et une mort. Mais d'un point de vue supérieur, naissance et mort ne sont que le début et la fin d'un épisode.

Dans le finale de ce discours, je partage avec le public la leçon de vie que j'ai retenue de cette première expérience volontaire de sortie hors du corps.

Dire une citation

Citer une personne, qu'il s'agisse d'un auteur peu connu ou d'une célébrité, c'est rapporter fidèlement sa parole, écrite ou parlée, dans le but assumé d'illustrer, d'étayer ou d'appuyer un propos[50].

La citation relève généralement de l'*ethos*. Elle te permet de renforcer ta crédibilité à l'abri d'un illustre penseur. Ta démonstration profite ainsi de son expertise. Choisis ta citation de sorte qu'elle résume parfaitement

---

[50] Lire aussi, du même auteur : *L'Ouverture du Discours*, chapitre V « Les techniques pour lancer le sujet », technique n°4 « Dire une citation ».

ta pensée et la renforce. Mais évite d'en faire la toute dernière partie de ton finale. Ne termine pas ton discours par la voix d'un autre. À toi, et à toi seul, doit revenir le dernier mot.

Utilise de préférence une citation brève. Prononce-la à haute voix, lors de ta préparation, afin de vérifier qu'elle passe bien en bouche. Certaines citations ont belle allure à l'écrit, mais paraissent à l'oral aussi pataudes que l'albatros de Baudelaire.

Internet met gratuitement à notre disposition une multitude de citations. Il est très tentant d'y avoir recours ; il suffit de quelques clics et d'un copier-coller. Pour autant, je ne te conseille pas cette méthode. Les citations d'internet ne sont que très rarement accompagnées de leur source. Elles comportent parfois des erreurs de traduction, et même des erreurs d'attribution. L'une des erreurs les plus connues, et qui pourtant persiste encore sur la toile, est celle de cette citation à propos de la Providence, attribuée à Goethe. Les contributeurs des sites de citations procédant par copier-coller à partir d'autres sites sans aucune vérification, l'erreur continue de se propager comme un virus. La citation en question[51]

---

[51] « Jusqu'au moment où l'on s'engage, il n'y a qu'hésitation, occasion de renoncer, et toujours inefficacité. Concernant tous les actes exigeant initiative (et création), il est une vérité élémentaire

est en fait d'un alpiniste écossais, William Hutchison Murray (1913-1996), et figure dans son livre *The Scottish Himalayan Expedition*[52].

C'est pour cela que, pour ma part, je préfère les livres. Les citations, fruits de sérieuses recherches de la part des rédacteurs, y sont accompagnées du nom de l'auteur, du titre de l'œuvre et, le cas échéant, de sa tomaison et du chapitre.

Les citations sont d'un appui non négligeable lorsqu'on débute et que l'on manque encore de toute l'assurance nécessaire. Mais je t'invite à abandonner cette béquille le plus tôt possible pour marcher sur tes deux jambes bien à toi. Fais régulièrement cet exercice : choisis une citation que tu aimes bien et essaye de la reformuler de la manière la plus impactante possible. Tu gagneras bien vite en sagesse.

---

dont l'ignorance tue d'innombrables idées et de magnifiques projets : c'est qu'à l'instant où l'on s'engage pour de bon, alors la Providence se met aussi en mouvement. Toutes sortes d'aides interviennent qui, autrement, ne se seraient jamais manifestées. Une succession d'événements découle de cette décision, plaçant sur notre chemin toutes sortes d'aventures et de rencontres imprévues, de soutiens matériels, dont aucun n'aurait osé rêver. » W. H. Murray.

[52] W. H. Murray, *The Scottish Himalayan Expedition,* J. M. Dent & Co., 1951.

Longtemps, j'ai utilisé cette citation de Nelson Mandela : « Je ne perds jamais. Soit je gagne, soit j'apprends. » Jusqu'au jour où j'ai décidé de parler avec ma propre voix. J'ai cherché comment dire la même chose avec mes mots à moi. Ce qui a donné : « Un échec n'est qu'une expérience dont on n'a pas encore tiré les leçons. » Ce n'est pas forcément mieux ; c'est différent, mais c'est de moi. Fais en sorte que tes phrases deviennent des citations !

[…] C'est pourquoi je suis ici aujourd'hui pour honorer les mots de Toni Morrison : « S'il y a un livre que vous voulez lire, mais qu'il n'a pas encore été écrit, vous devez être celui qui l'écrira. » J'exhorte tout le monde ici et tous ceux qui entendent ma voix à se joindre à moi pour raconter les histoires qui ne sont pas racontées. Pour honorer les filles, les femmes de couleur, qui sont assassinées à des taux disproportionnés dans ce pays. J'exhorte chacun d'entre vous à m'aider à écrire le récit de ce monde et à le comprendre, afin que ces filles et ces femmes ne soient jamais oubliées.

Naomi Wadler
Washington
24 mars 2018
4 minutes

Dans le cadre de la « March for our Lives » (Marche pour nos vies), organisée pour manifester en faveur du contrôle des armes à feu aux États-Unis, Naomi Wadler, alors âgée de 11 ans, prononce devant 800 000 manifestants une brève et poignante allocution. Elle trouve ici la parfaite citation pour introduire son finale.

vidéo

Cas d'école n° 7

Dans le cadre de ce projet Toastmasters, il était question de prononcer un discours à l'occasion d'une remise de récompense. J'ai imaginé de récompenser une pédagogie innovante en remettant à la directrice de la première école Krishnamurti en France le Prix Éducation Alternative, un prix fictif pour une école fictive.

[…] Un jour, une amie demanda à Krishnamurti : « Qu'est-ce que l'enseignement ? » Après un moment de silence, il répondit : « Je pense que l'idée de l'enseignant et de l'enseigné est fausse à la base. Je crois que la question est de partager plutôt que de donner ou recevoir. »

Je peux vous dire que la femme que je vais accueillir dans quelques secondes est particulièrement douée pour le partage. Mesdames et Messieurs, je vous demande d'ovationner, pour le Prix Éducation Alternative 2019 : la généreuse, la pétillante, Geneviève Morin.

Le finale commence par une citation de celui qui a donné son nom à l'école mise en vedette, une citation qui offre une vision innovante de l'enseignement et qui me permet une transition pour accueillir la récipiendaire du prix.

LA QUINTESSENCE

Mission n° 1

Proposer un digest

Trace ton sillon dans les mémoires

PROPOSER UN DIGEST
Relier à plus vaste
Ramener au sujet
Reprendre le titre
Récapituler les points
Livrer les clefs
Tirer les leçons
Dire une citation

QUIZZ 2

2.1. Proposer un digest est plus facile si : a) il n'y a pas eu d'ouverture. – b) il n'y a pas de plan. – c) le plan est structuré. – d) on a un verre à la main. – e) on tient bien l'alcool.

2.2. On peut se passer du digest quand : a) le discours est bref. – b) le discours est long. – c) on n'a plus soif. – d) on n'a plus faim. – e) le public a une excellente mémoire.

2.3. Se relier à plus vaste, c'est : a) prier Dieu. – b) plonger nu dans l'océan. – c) donner une plus longue portée au discours. – d) épouser une grande personne. – e) faire de beaux rêves.

2.4. Ramener au sujet signifie : a) le Roi reçoit en audience. – b) rassembler les moutons. – c) rappeler l'objet du discours. – d) construire une phrase sans verbe. – e) jouer au puzzle.

2.5. Reprendre le titre veut dire : a) donner, c'est donner ; reprendre, c'est voler. – b) redire le titre à la fin. – c) acheter des actions. – d) gagner le championnat. – e) être anobli.

2.6. Dans la récapitulation, les points sont rappelés : a) dans le même ordre. – b) dans l'ordre alphabétique. – c) par ordre d'importance. – d) au hasard. – e) au parloir.

2.7. Livrer les clefs consiste à : a) vendre sa maison. – b) apporter des réponses. – c) poser des questions. – d) enlever les menottes. – e) appeler un coursier.

2.8. Quand l'orateur tire des leçons, il : a) révèle un enseignement. – b) joue au tarot. – c) donne un coup de fusil au tableau. – d) utilise une grosse corde. – e) ouvre une bonne bouteille.

2.9. Dire une citation permet : a) de paraître cultivé. – b) d'accorder une décoration. – c) d'aller au tribunal. – d) de noyer le poisson. – e) d'appuyer son propos.

2.10. Naomi Wadler donne une citation de : a) Jim Morrison. – b) Tony Robbins. – c) Oscar Peterson. – d) Duke Ellington. – e) Toni Morrison.

II

LES TECHNIQUES POUR SUSCITER L'ÉMOTION

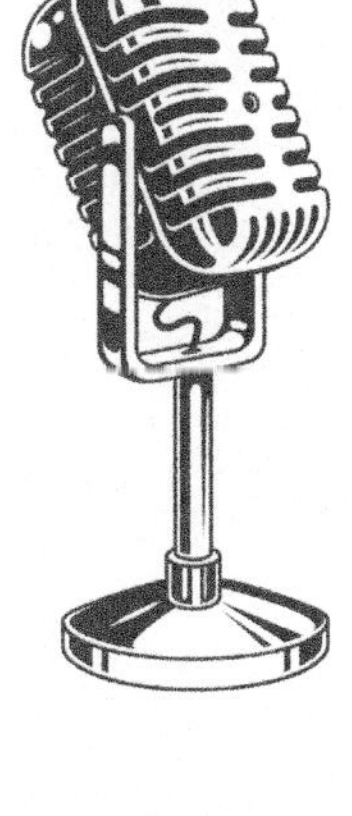

L'univers n'a de sens que lorsque nous avons quelqu'un avec qui partager nos émotions.

Paulo Coelho

AVEC CETTE CATÉGORIE DE TECHNIQUES, nous sommes en plein dans le *pathos*. La mission « susciter l'émotion » est le liant des deux vocations du finale : rendre le discours mémorable et inciter à l'action.

Raconter une anecdote, poser une question rhétorique, confier ses émotions, faire témoigner, utiliser l'humour, asséner des *punchlines*, marteler ses mots, chacune de ces sept techniques est destinée, grâce au trampoline de l'émotionnel[53], à préparer le public à vouloir agir.

---

53 « [Les passions] Matière beaucoup plus difficile, et qui a pour objet l'art si important de toucher l'esprit des juges, de le manier, et, pour ainsi dire, de les métamorphoser comme il nous plaît. » Quintilien, *op. cit.*, Livre VI Chap. II.

L'émotion véhiculée dans ton finale n'a pas à se placer à tout prix dans la même lignée que celles présentes dans ton développement. Tu peux très bien choisir la voie du contraste : faire rire si tu as fait pleurer, ou inversement, faire pleurer si tu as fait rire.

Quelle que soit l'émotion que tu décides d'exacerber, veille à te situer, en intensité, au moins un cran au-dessus de tout ce qui a précédé[54]. Il est important de ne pas laisser retomber la tension à laquelle tu as amené ton discours, mais au contraire de franchir un nouveau palier où tu entraînes ton auditoire, quitte à être dans l'emphase[55].

Raconter une anecdote

Une anecdote est une brève histoire, généralement vécue, de caractère inédit ou méconnu. Le mot vient du grec *ανεκδοτος* (*anekdotos*) qui signifie « inédit ». Jean-

---

54 « [Les passions] Elles sont ce qu'il y a de plus important dans l'art oratoire. » Quintilien, *op. cit.*

55 « Si [...] il est nécessaire d'inspirer de la crainte, on le fera aussi avec plus de force que dans l'exorde. » Quintilien, *op. cit.*, Livre VI Chap. I.

Bruno Renard[56], énonce six caractéristiques de l'anecdote : c'est un récit bref relatant un fait ou un propos peu connu, curieux, raconté comme vrai et exemplaire[57]. Elle peut avoir pour protagonistes l'orateur lui-même, des personnalités, des inconnus, des communautés ou encore une institution.

Souvent méprisée parce que présumée superficielle, « l'anecdote permet paradoxalement d'aller à l'essentiel[58] » – Nietzsche n'écrivait-il pas : « À l'aide de trois anecdotes, on peut faire le portrait d'un homme[59]. » ? Car elle est porteuse d'un fort symbolisme. Par sa sobriété, sa concision, elle est emblématique de certaines situations, de certains travers humains ou au contraire de certaines vertus, dont elle véhicule un archétype par le biais de motifs particuliers. L'anecdote est au roman, ce qu'est le croquis à la peinture. Elle peut, en quelques traits seulement, diffuser un message avec force.

---

[56] Professeur de sociologie à l'Université Paul-Valéry (Montpellier III).
[57] Jean-Bruno Renard, « De l'intérêt des anecdotes », *Sociétés*, 2011, n°114, p. 33-40.
[58] *Ibid.*
[59] Friedrich Nietzsche, *La Naissance de la philosophie à l'époque de la tragédie grecque*, 1873.

En suscitant une émotion, les anecdotes imprègnent nos mémoires. Que reste-t-il dans les souvenirs des cours d'Histoire chez tous ceux d'entre nous qui l'ont quitté à la fin du lycée ? Que nous revient-il d'emblée à l'évocation de Clovis ? Son baptême, le vase de Soissons… Des anecdotes ! D'où vient celle du vase ? Nous l'avons oublié. Certains auront même du mal à situer la ville de Soissons sur une carte (non, Soissons n'est pas le nom du propriétaire du vase). Des conquêtes de Clovis, de ses alliances, de son œuvre politique, nous n'avons rien retenu. Seules ses anecdotes sont restées gravées pour toujours dans nos esprits. C'est pourtant à Clovis Ier (466-511), roi des Francs, que l'on fait généralement remonter les fondations de la nation française.

Un discours sur les méfaits de la compétition à l'école pourrait s'achever par cette anecdote. « Aux Jeux Paralympiques, lors d'une épreuve de course réunissant des handicapés physiques et des déficients mentaux, l'un des concurrents chuta et se mit à pleurer. Devant son profond désarroi, les autres rebroussèrent chemin, l'une d'entre eux le couvrant de bisous pour le consoler. Et c'est tous ensemble qu'ils franchirent la ligne d'arrivée. Le public leur réserva une ovation plus bruyante et joyeuse que s'il venait d'assister à un record historique. »

Choisis l'anecdote qui fera le mieux passer ton message. Raconte-la de manière à susciter l'émotion qui laissera de ton discours l'empreinte la plus pénétrante.

[...] Je suis ravi que cette université soit impliquée dans ce projet d'envoyer un homme sur la Lune, dans le cadre de ce gigantesque effort national entrepris par les États-Unis d'Amérique.
Il y a quelques années, on demanda au grand explorateur britannique George Mallory, qui devait trouver la mort sur le Mont Everest, pourquoi il voulait gravir cette montagne. Il répondit : « Parce qu'elle est là ! »
Eh bien, l'Espace est là et nous allons y aller. La Lune et les planètes sont là également et avec elles, de nouveaux espoirs de connaissances et de paix. C'est pourquoi, avant de nous lancer dans cette aventure, la plus incertaine, la plus dangereuse et la plus grande que l'homme ait jamais connu, nous implorons la bénédiction de Dieu !

John F. Kennedy
Houston
12 septembre 1962
18 minutes

« Nous choisissons d'aller sur la Lune au cours de cette décennie [...] non pas parce que c'est facile, mais justement parce que c'est difficile. » C'est par ces mots que le Président Kennedy lance le programme de conquête spatiale des États-Unis. Des mots qu'il appuie dans son finale par une amusante petite anecdote.

vidéo

Cas d'école n° 8

« Comment obtenir ce qu'on veut d'un enfant » est le titre de cette conférence. Une conférence qui traite de l'importance d'être précis dans les demandes que l'on fait à un enfant et d'accueillir les erreurs avec bonheur et bienveillance comme faisant partie intégrante de l'apprentissage.

[…] La première fois que j'ai demandé à mon fils d'aller faire une petite course, il avait environ 8 ans. Une ampoule venait de griller et je tenais absolument à ce qu'elle soit changée rapidement. « Arthur, tu peux aller acheter une ampoule, s'il te plaît ? ». Le supermarché est à environ 8 minutes. Arthur est très fier de se voir confier cette mission. Je lui explique les différences entre les ampoules : petit culot, gros culot, à vis, à baïonnettes. Et je lui donne de l'argent et l'ampoule grillée comme modèle.

Au moment où il s'apprête à franchir la porte, je réalise que j'ai oublié de lui préciser la puissance de l'ampoule que je souhaite. Du haut de l'escalier, je lui crie « Arthur, 100 Watts ! »

— Quoi ?

— L'ampoule, 100 Watts, s'il te plaît.

— D'accord.

J'aime quand c'est bien éclairé à la maison.

Au bout d'un certain temps, qui me semble beaucoup plus long qu'il ne devrait être, Arthur revient… les mains vides… et l'air penaud : « Je suis désolé, Papa. J'ai fait tous les rayons. Mais elles avaient toutes des watts, les ampoules. »

Pour saisir une mission, il est primordial que l'enfant comprenne chacun des mots utilisés par l'adulte. Il faut qu'il ait le vocabulaire et la maturité adaptée. Utilisez des mots simples, dans des phrases courtes. Invitez votre enfant à reformuler l'objectif pour vérifier qu'il a compris vos attentes. Si dans le cadre de la mission, des mots techniques doivent être utilisés, prenez le temps d'éclairer votre enfant. Faute de quoi, vous pourriez avoir des surprises… et peut-être rester tous les deux dans le noir !

Cette petite anecdote finale, ce « mot d'enfant » comme l'appellent les parents d'un air attendri, fait sourire et amène aisément, en l'illustrant de façon plaisante, le mot de la fin.

Interroger l'émotion

Interroger l'émotion revient à faire usage d'une question rhétorique. Aussi appelée « question oratoire » ou « interrogation oratoire », la question rhétorique est une figure de style qui consiste à poser une question (ouverte ou fermée) qui n'appelle pas de réponse de la part de l'auditeur, quelle qu'en soit sa connaissance. Le poète Marcel Courault (1927-) parle, lui, de « fausse interrogation[60] » tant il est vrai que la question est en fait une assertion maquillée. Même lorsque sa tournure est négative, elle garde une valeur affirmative : « N'êtes-vous pas venus pour entendre la vérité ? » Le grammairien Pierre Fontanier (1765-1844), spécialiste des figures de style, préfère quant à lui l'appellation « interrogation figurée[61] ».

---

[60] Marcel Courault, *Les voies de la composition française. Manuel pratique de l'art d'écrire. Tome 2. La phrase, le style,* 1957.
[61] Pierre Fontanier, *Des figures du discours autres que les tropes,* 1827.

L'objectif de la question rhétorique dans notre cadre est de susciter une émotion : « Ces dispositions ne sont-elles pas scandaleuses ? » (colère). « Ne trouvez-vous pas cette situation des plus préoccupantes ? » (inquiétude). « N'est-ce pas merveilleux de simplement tendre la main vers l'arbre pour se nourrir ? » (joie, émerveillement). Dans tous ces exemples, la formule, appuyée par l'intonation juste, ne laisse aucune ambiguïté sur la nature de la réponse. L'auditoire n'est d'ailleurs pas en attente. Et l'orateur, lui-même, se dispense de répondre devant l'évidence.

Mais lorsque la question du comment, du quoi, du où, se pose, alors l'orateur doit éclairer son auditoire : « Mais comment en sommes-nous arrivés là ? » (désarroi). « Que pouvons-nous faire maintenant ? » (espoir). « N'est-ce pas là l'aboutissement de notre combat ? » (Satisfaction).

Pour user de cette technique avec emphase, n'hésite pas à enchaîner jusqu'à trois ou cinq questions rhétoriques claquantes et bien rythmées.

> *[...] Amérique, nous sommes arrivés si loin. Nous avons tant vu. Mais il reste encore tellement à faire. Alors ce soir, demandons-nous : si nos enfants voient le siècle prochain, si mes filles ont la chance de vivre*

aussi longtemps qu'Ann Nixon Cooper, que verront-ils ? Quels progrès aurons-nous accomplis ?
C'est notre chance de répondre à cette question. Notre moment est venu. Notre moment est venu de remettre les gens au travail et d'offrir des opportunités à nos enfants ; de restaurer la prospérité et de promouvoir la cause de la paix ; de relancer le rêve américain et de réaffirmer cette vérité fondamentale parmi tant d'autres, que nous ne faisons qu'un ; tant que nous respirons, nous espérons. À ceux qui nous opposent doutes et cynisme et qui nous disent que nous ne pouvons pas, nous répondons avec ce credo intemporel qui résume l'esprit d'un peuple : oui, nous pouvons.
Merci, que Dieu vous bénisse, et que Dieu bénisse les États-Unis d'Amérique.

Barack Obama
Chicago
4 novembre 2008
17 minutes

Barack Obama, nouveau président des États-Unis, se livre ici, le jour de sa victoire, à l'exercice de « l'*Acceptance Speech* ». Après avoir rassemblé et honoré son peuple (jeunes, vieux, riches, pauvres, etc.), il célèbre « la capacité à changer » de l'Amérique, évoquant les obstacles rencontrés (esclavage, dépression, guerre) et les succès remportés par la nation (droits civiques, New Deal, victoire de la démocratie). Puis, en amorce de son finale, Barack Obama, pose une question rhétorique sur l'avenir, qui a pour but de stimuler le désir des Américains d'aller encore plus loin, encore plus vite, avec toute la détermination possible.

vidéo

Cas d'école n° 9

Voici une conférence qui aborde un thème assez peu original : le rapport entre l'argent et le bonheur. Mais le sujet est abordé ici sur la base des travaux révolutionnaires de Sonja Lyubomirsky[62], chercheuse en psychologie positive.

[…] La prochaine fois que vous aurez à faire une dépense qui ne concerne pas vos besoins vitaux (pour lesquels, il n'y a pas de questions à se poser), interrogez-vous sur l'expérience que cela vous amènerait à vivre. Demandez-vous à quel point ça pourrait contribuer à votre bonheur. Si c'est un objet, est-il le vecteur d'une riche expérience ou n'est-il qu'une chose totalement inerte ? Un gaufrier, par exemple, n'est pas un objet indispensable. Mais il peut être porteur d'expériences

[62] Sonja Lyubomirsky, *Qu'est ce qui nous rend vraiment heureux ?*, Pocket, 2015.

mémorables avec les enfants. On prépare la pâte ensemble. On la laisse reposer sous un torchon. On s'impatiente. Enfin, on fait cuire les gaufres. Puis on les mange en riant avec du sucre glace sur le nez qu'un autre vous aura soufflé. Et puis, plusieurs années plus tard, quand les enfants sont grands, tandis que le gaufrier rouille sous la poussière au fond d'un placard, on se souvient avec émotion de ces moments d'insouciance. Et l'on rit encore…

Nous sommes ce que nous faisons, pas ce que nous avons. Si un objet ne fait pas votre bonheur, rendez-le.

La question rhétorique posée dans le finale interroge sur l'émotion que l'on peut ressentir face à un objet. Puis l'orateur montre quelle quantité d'émotion peut à la fois emmagasiner et restituer sur plusieurs années un objet du quotidien d'apparence banal. La sentence ultime fait écho à une citation de Jules Renard donnée en ouverture : « Si l'argent ne fait pas le bonheur, rendez-le. » (J'adore les boucles, j'en mets partout ; mes conférences ressemblent de plus en plus à des caniches.)

Confier ses émotions

Pour susciter l'émotion chez ton public, la possibilité t'est offerte de confier sans artifices tes propres émotions. Que ressens-tu par rapport à ce que tu as évoqué ? Que t'inspire cette personne dont tu as parlé, cette situation, ces statistiques ? Laisse parler ton cœur. À cet instant, sincérité, authenticité, intimité sont de mise.

L'émotion dont tu témoigneras, au mieux sera partagée par ton auditoire, au pire fera naître chez lui de l'empathie. Dans les deux cas, sera renforcée la connexion initiée dans ton ouverture et entretenue par touches subtiles durant ton développement. Il est bon qu'entre ton public et toi cette connexion qui bourgeonnait jusque là fleurisse à plein juste avant l'appel à l'action.

En confiant publiquement tes émotions, tu témoignes à l'égard de tes auditeurs d'une confiance qu'ils apprécieront et dont ils auront à cœur de se montrer dignes quand viendra le moment de leur demander des gages de réciprocité. C'est bien volontiers, peut-être même avec enthousiasme, qu'ils feront le geste convaincu que tu attends d'eux.

Un discours sur les conditions de vie d'une communauté pourrait faire l'objet d'un finale comme celui-ci : « Lorsque j'ai découvert cette situation inique, je suis d'abord resté incrédule ; je ne pouvais pas croire à une telle injustice, à une telle oppression en ce siècle. Mais ça s'est confirmé ; j'en ai eu, des jours durant, la nausée à ne plus pouvoir manger. Puis la colère m'a envahi. Je la sentais dans mes mâchoires, même pendant mon sommeil. » C'est ce que j'ai ressenti lorsque j'ai appris l'existence de l'apartheid en classe d'anglais de Terminale.

Il n'est pas toujours facile de se livrer sur la scène, de mettre son âme à nu. Mais crois-moi, la gratification en vaut la peine. Indique dans quelle partie du corps tu vis l'émotion : la gorge, la poitrine, les tripes... Connais-tu des manifestations physiologiques ? Quel est, tout particulièrement, l'élément déclencheur ? Grâce à ces confidences, certains de tes auditeurs accéderont plus aisément à leur propre ressenti. Ce qui facilitera chez eux une adhésion indéfectible à ton message.

> *[...] L'hommage d'aujourd'hui n'appelle que le chant qui va s'élever maintenant, ce Chant des Partisans que j'ai entendu murmurer comme un chant de complicité, puis psalmodier dans le brouillard des Vosges et les bois d'Alsace, mêlé au cri perdu des moutons des tabors, quand les bazookas de Corrèze avan-*

çaient à la rencontre des chars de Runstedt lancés de nouveau contre Strasbourg. Écoute aujourd'hui, jeunesse de France, ce qui fut pour nous le Chant du Malheur. C'est la marche funèbre des cendres que voici. À côté de celles de Carnot avec les soldats de l'an II, de celles de Victor Hugo avec les Misérables, de celles de Jaurès veillées par la Justice, qu'elles reposent avec leur long cortège d'ombres défigurées. Aujourd'hui, jeunesse, puisses-tu penser à cet homme comme tu aurais approché tes mains de sa pauvre face informe du dernier jour, de ses lèvres qui n'avaient pas parlé ; ce jour-là, elle était le visage de la France.

André Malraux
Paris
19 décembre 1964
22 minutes

André Malraux, ministre des Affaires culturelles et ancien résistant, prononça ce discours, d'une écriture sublime, à l'occasion du transfert des cendres de Jean Moulin au Panthéon. Dans son oraison grandiloquente, l'écrivain retrace comme il se doit la vie et la mort tragique du héros national, martyr de la Résistance. La tension atteint son apogée dans le finale lorsqu'André Malraux confie avec pudeur l'émotion que suscite chez lui, depuis le temps du maquis, le Chant des Partisans dont les premières notes se font entendre tandis qu'il prononce les dernières paroles de son discours.

vidéo

Cas d'école n° 10

Dans ce discours, je raconte dans quelles circonstances, relevant du merveilleux, j'ai retrouvé à l'âge de quarante ans mon père absent à ma naissance.

[…] Le soir même, mon père me téléphone. Les mots me manquent pour exprimer précisément l'émotion qui m'étreint à cet instant. Ce n'est qu'après avoir raccroché que je verserai des larmes. C'est étrange pour moi d'entendre à l'autre bout du fil un homme me dire avec un accent africain : « Je suis ton père. »

Un mois plus tard, douze semaines après que j'ai émis l'intention de le retrouver, j'accueille mon père à l'aéroport de Roissy. Il est en face de moi… je m'avance vers lui… je le prends dans les bras. Et pour la première fois de ma vie, à 40 ans, j'appelle quelqu'un… Papa.

L'émotion que l'orateur partage avec le public est ici plus dans la situation, dans les intonations de la voix, dans son débit, dans les pauses, que dans la précision des mots. J'ai jugé que forcer sur les trois registres en même temps, situation, voix, vocabulaire, aurait trop chargé en *pathos*.

Faire témoigner

Un témoignage est une déclaration qui confirme l'authenticité d'une expérience vécue. Le témoin est la personne qui peut attester de ce qu'elle a perçu avec un ou plusieurs de ses cinq sens, le plus souvent la vue et l'ouïe[63].

Le mieux est de te limiter à un seul témoignage choisi avec précaution (précaution valable uniquement pour le finale, cette limite ne valant pas pour le développement). Selon le sujet de ton discours, deux catégories de témoins pourront t'apporter un soutien. À la première catégorie, appartiennent les protagonistes de l'expérience que tu as relatée : le scientifique qui a mené les

---

[63] « Mais ce qui contribue surtout à remuer les cœurs, c'est de mettre en scène les personnes elles-mêmes » Quintilien, *op. cit.*

expérimentations, un ancien prisonnier de guerre, un rescapé d'une catastrophe, le détenteur d'un record, un parent, etc. La seconde catégorie comprend tes clients qui viennent témoigner de la qualité de ton service ou de ton produit. Un témoin apporte une preuve sociale à ton propos et accroît ton autorité, d'autant plus, si grande est sa notoriété. Prends soin de préciser le rôle ou l'expertise de ton témoin.

Sincérité
Authenticité
Intimité

De force décroissante, six manières d'apporter des témoignages à ton crédit s'offrent à toi : l'invité, la vidéo en temps réel, la vidéo enregistrée, l'appel téléphonique, l'enregistrement audio et la prosopopée.

De tous ces procédés, celui de l'invité est le plus convaincant. Au moment prévu, la personne en chair et en os monte sur la scène à tes côtés pour témoigner. Indépendamment de ce qu'elle raconte, l'auditeur se dit alors que si cette personne s'est déplacée pour quelques minutes seulement d'intervention, c'est qu'elle te porte en haute estime. Le témoignage peut prendre la forme d'un monologue si ton invité est rompu à la prise de parole, ou d'une interview dans le cas d'un débutant ou pour rendre l'exercice plus vivant. Pour éviter toute dérive, pense à convenir avec lui au préalable d'un temps de parole.

Le deuxième procédé fait appel à la vidéo en temps réel. Ton témoin est chez lui, devant sa caméra, et vous échangez publiquement, son visage s'animant sur l'écran de présentation. C'est une méthode intéressante à condition de pouvoir juguler les incidents techniques. Ici encore, que ce soit sous forme de monologue ou d'interview, le temps de parole est à déterminer à l'avance.

Le troisième procédé est une variante du précédent. Cette fois-ci, la vidéo, enregistrée en amont, est lancée au moment prévu. Dans de nombreux cas, le monologue convient mieux que l'entretien.

La quatrième solution est un appel téléphonique en direct diffusé par les haut-parleurs. Si tu disposes d'un écran de présentation, projette pendant la conversation une photo de ton interlocuteur ou des images en rapport avec la situation évoquée.

Cinquième possibilité : l'enregistrement audio distribué par les enceintes. Pour l'aspect visuel, procède comme précédemment.

Le dernier procédé, qui n'exige aucune prouesse technologique, est la prosopopée. La prosopopée est une figure de style par laquelle l'orateur fait parler une personne absente. Tu peux lire le témoignage (sur un papier ou sur l'écran) ou le citer de mémoire s'il n'est pas trop long.

Quel que soit le procédé que tu envisages, le plan est immuablement constitué de trois parties : avant, pendant, après. Avant : dans quelle situation était ton témoin ? Quels étaient sa souffrance, ses besoins, ses désirs ? Avait-il des croyances, des contraintes ? Pendant : que s'est-il passé ? Comment a-t-il vécu l'expérience ? Après : qu'en a-t-il retiré ? Quels sont ses bénéfices ? Où en est-il aujourd'hui ?

Si tu as une solution à proposer, un témoignage te sera d'une aide précieuse pour la promouvoir.

> *[...] Nous avons en réalité un monde à créer, une résistance poétique à inventer. Voilà qui, je crois, devrait nous faire rêver profondément ou au contraire nous empêcher de dormir. Et je rappelle que le grand philosophe, et un peu poète d'ailleurs, Emmanuel Levi-*

nas aimait à considérer que les insomniaques sont des passeurs, sont des veilleurs, sont ceux qui assurent la continuité du réel malgré le sommeil des autres, sont ceux qui permettent, métaphoriquement bien sûr, à l'univers de continuer d'exister. Et c'est la raison pour laquelle j'ai demandé à mon amie Pomme de bien vouloir chanter quelques mots pour ceux qui rêvent et pour les autres.

« Mes nuits blanches ne sont pas blanches
» À peine clairsemées d'étoiles
» Petits trous dans la toile étanche
» Tristes strass sur le voile
» Et moi, envoûtée de ténèbres
» Je passe des heures infinies
» À compter les moutons funèbres
» Qui tapissent mes insomnies
» Ah minuit est là
» Ah ! je ne dors pas
[...] »

Merci beaucoup. On va vous souhaiter une bonne soirée. Je vous demande juste de partir peut-être en méditant ces quelques mots d'Héraclite, le grand penseur grec, qui nous rappelait que « le monde est un enfant qui meurt, qui joue. » Mais justement, cet enfant qui joue, aujourd'hui est en train de devenir un enfant qui meurt et je crois qu'il serait temps que nous y prenions garde.

Aurélien Barrau
Paris
22 octobre 2019
1h25

Dans cette conférence, Aurélien Barrau, astrophysicien écologique, évoque ce qu'il considère comme « le plus grand défi de l'histoire de l'humanité » : un désastre écologique sans précédent auquel il propose de répondre par l'activisme fractal. Il termine dans un finale poétique en priant la chanteuse Pomme de témoigner en chanson. Aurélien Barrau offre là une façon très originale, et forcément émouvante, d'apporter un témoignage.

vidéo

Cas d'école n° 11

Cette conférence évoque les crimes perpétrés au détriment du peuple congolais par Léopold II, roi des Belges, avide de caoutchouc et d'ivoire. Dix millions de Congolais, soit la moitié de la population de l'époque, auraient péri sous les coups de son administration. Ce qui fait de Léopold II le troisième plus grand criminel en temps de paix après Mao, après Staline.

[...] Laissez-moi vous lire un extrait d'un article écrit par le missionnaire américain Murphy dans le Times du 18 novembre 1895 : « La question du caoutchouc est au cœur de la plupart des horreurs perpétrées au Congo. Les soldats conduisent les gens dans la jungle ; s'ils ne veulent pas, ils sont abattus, leurs mains sont coupées et portées comme trophée au commissaire. Les soldats se moquent bien de ceux qu'ils frappent et tuent, souvent des pauvres femmes sans défense et des enfants inoffensifs. »

Malgré ses crimes avérés, les statues et les portraits de Léopold II siègent encore aujourd'hui officiellement dans les parcs et les musées de Belgique construits avec le sang des Congolais[64]*. Heureusement, de plus en plus de voix s'élèvent pour révéler cet holocauste oublié perpétré par un roi cupide et mégalomane au détriment du peuple du Congo.*

L'ignominie des faits relatés est renforcée par la lecture d'un témoignage de première main extrait d'un article de journal. La technique du témoignage, par sa véracité, montre ici, sans équivoque, sa forte capacité à susciter l'émotion chez l'auditeur.

---

[64] Depuis ce discours, certaines statues ont été déboulonnées (je plaide non coupable, votre Honneur).

Utiliser l'humour

La joie qu'apporte un trait d'humour est une émotion toujours appréciée qui porte le public à la bienveillance[65]. Un peu d'humour te rendra sympathique et détendra l'atmosphère. Nul besoin de rechercher le rire aux éclats, comme un pro du *standup ;* un simple sourire peut suffire.

Afin de te garder des clivages et des rejets, évite les sujets qui relèvent de la politique, du sexe ou de la religion. Évite de te moquer d'une communauté en particulier. Évite le handicap, évite les pathologies… Bref, évite les sujets sensibles si tu n'es pas directement concerné ou si tu n'es pas un humoriste aguerri. Adapte ton humour à ton public et à ses références. En 2015, devant un public d'une vingtaine d'années en moyenne, j'ai fait une blague sur la Mobylette. Ça n'a pas marché : personne dans la salle ne savait ce qu'était une Mobylette. C'est comme ça que j'ai su que j'avais vieilli. Depuis je me suis mis au scooter. J'ai aussi arrêté de parler de VHS et de Walkman, et j'ai rendu mon Minitel. Détourne-toi des allusions trop datées.

---

[65] Lire du même auteur : *L'Ouverture du Discours*, chapitre III « Les techniques pour établir la connexion », technique n°5 « Utiliser l'humour ».

Suis aussi le conseil de Bellegarde au Baron Ponceludon de Malavoy : évite de rire à tes bons mots[66]. Ne pas rire à tes propres plaisanteries te ménage une porte de sortie honorable si jamais ton trait n'atteint pas sa cible. Car il n'y a rien de pire, en tant qu'orateur, que d'être le seul à rire. Continue comme si de rien n'était. Et tente autre chose plus tard.

L'humour met ton public dans les meilleures dispositions pour accéder plus tard à tes demandes et l'aidera à se souvenir de ton passage. Tu peux traiter la fantaisie sur plusieurs registres : par le verbe, à l'aide d'une image, dans le geste, etc. Attention malgré tout à bien doser la charge humoristique en fonction de la gravité du sujet[67].

Si l'autodérision est parfaitement adaptée à l'ouverture du discours pour briser la glace et paraître accessible à chacun, je ne la recommande pas pour le finale. Car c'est, à bien des égards, une sorte de douce dévalorisation. Ce n'est donc pas la meilleure rampe de lancement pour l'appel à l'action. Imprègne plutôt ton finale d'une note positive qui te valorise en finesse.

---

[66] Patrice Leconte, *Ridicule*, 1996, 1h42.

[67] « [L'humour] S'il est un talent difficile, c'est celui-là. » Quintilien, *op. cit.*, Livre VI Chap. III.

[...] Maintenant, pour finir, vous me direz : « Oui, vous nous avez dit ce qui se passe, mais qu'est-ce que cette gravité ? D'où vient-elle et qu'est-ce que c'est ? Voulez-vous dire que la planète regarde le soleil, voit jusqu'où il est, prend l'inverse du carré de la distance, puis décide de se déplacer conformément à cette loi ? » En d'autres termes, bien que j'aie énoncé une loi mathématique, je ne vous ai donné aucune idée du mécanisme. Je discuterai de la possibilité de le faire dans la prochaine conférence, qui est la relation des mathématiques à la physique. [...]

Richard Feynman
Cornell University
9 novembre 1964
55 minutes

Dans cette conférence qui traite de la loi de gravitation, le physicien Richard Feynman, alterne ingénieusement et dans un souci de vulgarisation, des passages sur les fondements mathématiques de la loi et des passages sur l'histoire de la découverte. Il amorce son finale par un de ces traits d'humour qui sont sa marque de fabrique et qui l'aident à maintenir l'attention de son public. C'est ainsi qu'il personnifie les corps célestes les imaginant faire des calculs mathématiques pour décider de leurs comportements.

vidéo (51:07)

Cas d'école n° 12

Pour ce projet Toastmasters, « prononcer un discours humoristique », j'ai choisi de traiter scientifiquement, sous l'angle « écolo-diététique », un sujet qui prête facilement à sourire, chez les grands comme chez les petits : les flatulences.

[…] Pour ne plus jamais être victime de flatulences, respectez simplement la règle des 3CB : Choisissez Bien, Combinez Bien, Croquez Bien ! Faites-le pour la planète, pour votre entourage… et pour tous ceux qui prennent l'ascenseur après vous !

Dans notre prochain épisode, je vous dirai pourquoi chacun de vos amis aime tant ses propres pets, et pourquoi les plus silencieux sont aussi les plus pestilentiels. Je vous souhaite bons vents !

Le finale commence par résumer les trois conseils préalablement détaillés dans le développement, données scientifiques à l'appui : le choix d'aliments peu carminatifs, les bonnes combinaisons alimentaires, et la mastication consciencieuse. Il s'achève avec humour sur un *teasing* alléchant qui fleure bon le suspense.

Asséner une punchline

La *punchline* est quasiment une figure imposée du discours d'aujourd'hui, particulièrement dans le finale. La *punchline* (parfois orthographiée *punch line* ou *punch-line*) est une phrase choc destinée à marquer les esprits. Elle peut se décliner sur différents registres émotionnels : humoristique, dramatique, spirituel, etc.

Le terme est composé des mots anglais *punch* (coup de poing) et *line* (réplique). À l'origine, une *punchline* est une réplique incisive et amusante qui marque la chute d'un dialogue de comédie ou d'une histoire drôle. Le dictionnaire bilingue anglais-français Harrap's le traduit par « mot de la fin ».

La *punchline* est une formule concise, facile à mémoriser, qui résume l'essentiel d'une pensée. Elle se caractérise par son autosuffisance : elle peut être comprise en dehors de son contexte. C'est ce qui fait sa force. À l'heure du zapping, des extraits et des montages réducteurs de pensée, les hommes politiques l'ont bien compris, farcissant leurs interventions de ces « petites phrases » pour se donner toutes les chances de passer au « 20 heures ».

Si la *punchline* claque comme un aphorisme, elle s'en distingue par sa limpidité. Tandis que le sens de l'aphorisme peut n'apparaître qu'en deuxième lecture, la *punchline* s'entend au premier coup.

Autrefois connues sous le nom d'apophtegmes, les *punchlines* font l'objet de recueils depuis les temps anciens. Caton (234-149 av. J.-C[68].) en fit, Plutarque (46-125 apr. J.-C.) aussi[69], de même qu'Érasme (1466-1536) plus tard[70]. Oscar Wilde (1854-1900) en a truffé[71] *Le portrait de Dorian Gray* (1890). Échantillon : « On a le droit de juger un homme à l'influence qu'il exerce sur ses amis. » ; « Aujourd'hui, les gens

---

68 Caton, *Apophthegmata*, non daté.
69 Plutarque, « Apophtegmes de rois et de généraux » in *Œuvres morales*, Tome I, 72-126 ap. J.-C.
70 Érasme, *Apophthegmata*, 1531.
71 Le site dicocitations.com en référence 240.

connaissent le prix de tout et la valeur de rien. » ; « La vieillesse n'est pas qu'on est vieux, mais bien qu'on fût jeune. »

Aujourd'hui, les rappeurs s'affrontent avec talent à coup de *punchlines* dans des *battles* drôles et cruelles où ça *clashe* grave ta mère. La chaîne YouTube de Rap Contenders[72] compte plus de 500 000 abonnés et totalise à ce jour 140 millions de vues. C'est bien le signe d'un vif intérêt du public pour l'art de la formule percutante.

Une *punchline* se singularise par sa concision, sa clarté et son autonomie. Son impact émotionnel se mesure à sa mémorabilité, son succès à sa viralité. C'est pourquoi je t'invite chaudement à maîtriser cette technique. Sa polyvalence lui permet de s'imposer dans toutes les missions du finale.

> *[...] Le Parti communiste vous appelle au combat. Il appelle tout spécialement les ouvriers, les paysans, les intellectuels, à occuper un poste de combat pour écraser définitivement les ennemis de la République et des libertés populaires. Vive le Front populaire ! Vive l'union de tous les antifascistes ! Vive la République du peuple ! Les fascistes ne pas-*

---

72 Ligue française de *battle rap a capella* (joute oratoire) : youtube.com/user/Fuckallcrew.

seront pas ! Ils ne passeront pas ! No pasarán !

Dolorès Ibárruri
Madrid
19 juillet 1936
467 mots

« No pasarán ! », l'une des plus célèbres punchlines avec « I Have a dream » de Martin Luther King et « Ich bin ein Berliner ! » de John F. Kennedy. C'est avec ces mots guerriers, sonnant comme un roulement de tambour, que la Pasionaria termine avec fougue son discours prononcé du balcon du Ministère de l'Intérieur. La formule deviendra immédiatement le slogan des antifascistes, apparaissant sur des affiches, des cartes postales, et aujourd'hui encore sur des T-shirts[73].

texte

[73] Lors du procès, en 2012, du groupe russe de punk-rock féministe Pussy Riot, l'une des accusées arborait le slogan sur son T-shirt.

Cas d'école n° 13

« Et si vous commenciez par être heureux ? » est le titre de cette conférence. La thèse avancée est que nous passons à côté du bonheur quand nous le plaçons au bout du chemin plutôt qu'au début. Trois clefs simples sont proposées pour plus de bonheur dans notre vie.

[...] Bien sûr, il existe d'autres moyens d'être plus heureux. Mais utilisons déjà ces trois clefs : appréciation, générosité, gratitude. Commençons par être heureux... Maintenant. Arrêtons de poursuivre le bonheur : il courra toujours plus vite que nous. Le bonheur n'est pas une quête, c'est une attitude. Alors ? Qui veut être heureux ?

Le finale offre, non pas une, mais deux punchlines de suite : « Arrêtons de poursuivre le bonheur : il courra toujours plus vite que nous. » et « Le bonheur n'est pas une quête, c'est une attitude. » La dernière question forme une boucle (je te l'ai dit, j'adore ça) sur celle posée en ouverture de discours : « Qui ne veut pas être heureux ? Levez la main ! »

Marteler ses mots

Marteler ses mots, c'est répéter et insister pour intensifier l'émotion. De nombreuses figures de style te seront d'une grande utilité pour cette technique, parmi lesquelles : l'accumulation, l'amplification, l'anacéphaléose, l'anaphore, la concaténation, la conglobation, l'éparnothose, l'épiphonème, la gradation, l'hypotypose, le macarisme, etc[74] (c'est peut-être le moment de te préparer une boisson chaude et d'ouvrir un dictionnaire).

De même qu'il n'est pas nécessaire de connaître l'anatomie pour bouger son corps au quotidien, la conversation courante n'exige aucune connaissance en rhétorique. Mais pour passer de la condition banale de bavard au statut d'orateur émérite, la rhétorique ne peut que t'être utile, voire indispensable, si tu veux maîtriser tes effets et en user à bon escient. C'est pourquoi je t'encourage à l'étudier avec assiduité. S'ils manquent encore à ta bibliothèque, procure-toi au plus tôt deux types d'ouvrages : une introduction à la rhétorique et un dic-

---

[74] « L'amplification est en quelque sorte une affirmation plus véhémente qui doit convaincre les cœurs en les touchant. » Cicéron, *Dialogues sur les partitions oratoires*, Chap. XV, 46 av. J.-C.

tionnaire de rhétorique, par exemple ceux d'Olivier Reboul[75], d'Aquien-Molinié[76] ou de Morier[77].

Et surtout, lis ! Lis pour te pénétrer de toutes ces figures d'insistance et de répétition que j'ai citées. Car c'est l'évidence que pour bien parler, il faut savoir écrire. Et pour écrire bien, il faut souvent lire. Ouvre n'importe quel roman d'un auteur romantique ou réaliste (Balzac, Chateaubriand, Flaubert, Victor Hugo, George Sand, Marcel Proust, Stendhal, etc.) et tu ne tarderas pas à rencontrer l'une de ces figures tournée avec brio. « Lire rend l'esprit substantiel, causer l'esprit vif, écrire l'esprit précis[78]. », dit Francis Bacon (1561-1626) le philosophe.

Martèle tes mots ! L'insistance et la répétition, associés à l'émotion, aident à convaincre. Utilise cette technique comme un tremplin pour ta demande d'engagement, ton exhortation au changement, ton incitation à l'action. Et passe de la graine au fruit, des semailles à la récolte, en quelques sentences.

---

[75] Olivier Reboul, *Introduction à la rhétorique*, Presses Universitaires de France, 2013.

[76] Michèle Aquien et Georges Molinié, *Dictionnaire de rhétorique et de poétique*, Le Livre de Poche, 1996.

[77] Henri Morier, *Dictionnaire de poétique et de rhétorique*, Presses Universitaires de France, 1989.

[78] Francis Bacon, *Essais*, 1625.

[…] J'invite tous les militaires français des armées de terre, de mer et de l'air, j'invite les ingénieurs et les ouvriers français spécialistes de l'armement qui se trouvent en territoire britannique ou qui pourraient y parvenir, à se réunir à moi.
J'invite les chefs, les soldats, les marins, les aviateurs des forces françaises de terre, de mer, de l'air, où qu'ils se trouvent actuellement, à se mettre en rapport avec moi.
J'invite tous les Français qui veulent rester libres à m'écouter et à me suivre.
Vive la France libre, dans l'honneur et dans l'indépendance !

Charles de Gaulle
Londres
22 juin 1940
6 minutes

Dans cet appel du 22 juin, moins connu, mais plus entendu que celui du 18 juin, le Général de Gaulle en appelle à l'honneur, au bon sens et à l'intérêt supérieur de la patrie. Dans le finale, afin de regrouper une force française, le Général martèle ses mots en usant de l'anaphore : « J'invite… » L'expression est présente en quatre occurrences.

audio

Cas d'école n° 14

Dans cette conférence, je conteste la mission pacificatrice des Jeux Olympiques, une guerre qui ne dit pas son nom. Dans le développement, je dresse minutieusement la liste de toutes les olympiades qui ont servi de tribunes politiques plus ou moins violentes, avec leurs lots d'actions à l'opposé de toute idée de paix : exclusion (des femmes à la première édition, d'athlètes juifs en 1936, de la Turquie après la Première Guerre Mondiale, de l'Allemagne et de l'Italie après la Seconde), boycotts (chaque pays pour des raisons différentes : crise de Suez, apartheid, invasion de l'Afghanistan), protestations (Black Power), assassinats (athlètes israéliens), dopages nationaux, etc.

[…] Les J.O. symboliseront l'amitié le jour où il ne sera pas nécessaire de se revendiquer d'une nation pour participer. Les J.O. symboliseront l'amitié le jour où les gestes politiques n'auront plus leur place ni dans le stade ni autour du stade. Les J.O. symboliseront l'amitié le jour où les athlètes ne seront pas contraints de chanter leur hymne national au garde-à-vous, tandis que monte leur drapeau. Ce jour-là, je déclarerai les Jeux Olympiques vraiment… ouverts. En attendant, je boycotte !

Dans ce finale, le martèlement est mené par anaphore : « Les J.O. symboliseront l'amitié le jour où… » La longueur de la partie répétée accentue la gravité du propos.

LA QUINTESSENCE

Mission n° 2

Susciter l'émotion

Fais monter la vibration

SUSCITER L'ÉMOTION
Raconter une anecdote
Interroger l'émotion
Confier ses émotions
Faire témoigner
Utiliser l'humour
Asséner des punchlines
Marteler ses mots

QUIZZ 3

3.1. Susciter l'émotion est plus particulièrement en rapport avec : a) l'ethos. – b) Portos. – c) Aramis. – d) le pathos. – e) le logos.

3.2. L'émotion suscitée dans le finale doit être de même nature que celles du développement : a) vrai. – b) faux.

3.3. *Anekdotos* en grec veut dire : a) inédit. – b) Anne est docteur. – c) je me renseigne et je reviens vers toi asap. – d) panne de voiture. – e) c'est l'histoire de Toto.

3.4. Question rhétorique se dit aussi : a) interrogatoire musclé. – b) question oratoire. – c) question en alexandrin. – d) problème insoluble. – e) question pour un champion.

3.5. Confier ses émotions, c'est : a) les placer à la banque. – b) en faire des confitures. – c) laisser parler son cœur. – d) parler avec son psy. – e) parler avec son banquier.

3.6. Quel est le nom du procédé consistant à faire parler un absent ? a) la proserpine. – b) l'onomatopée. – c) la persépolis. – d) la prolopotée. – e) la prosopopée.

3.7. Quelle forme d'humour est déconseillée dans le finale ? a) l'ironie. – b) l'autodérision. – c) le sarcasme. – d) la caricature. – e) le calembour.

3.8. Comment appelait-on une *punchline* autrefois ? a) apophtegme. – b) synecdoque. – c) anantapodoton. – d) anacoluthe. – e) antanaclase.

3.9. Quelles figures sont utiles à l'insistance et à la répétition (plusieurs réponses) : a) l'hypotypose. – b) l'éparnothose. – c) l'anacéphaléose. – d) l'antilogie. – e) la conglobation.

3.10. Marteler ses mots, c'est : a) forger son attaque. – b) répéter et insister. – c) se cogner la tête. – d) frapper un livre. – e) jeter un livre au pilon.

III

Les techniques pour faire bouger le public

C'est pas parce qu'ils sont nombreux à avoir tort qu'ils ont raison !

Coluche

FAIRE BOUGER LE PUBLIC EST l'authentique motivation et le véritable aboutissement de ton discours, l'alpha et l'oméga de l'éloquence. C'est amener chez ton auditeur un changement, de pensée (convaincre) ou de comportement (persuader), qui impactera à son tour son entourage, et peut-être, plus largement, le monde.

Pour accomplir cette mission, tu as le choix entre sept techniques qui marchent à la perfection à condition de les adapter à ton auditoire : donner des conseils, interagir avec le public, promettre un bénéfice, partager ta vision, formuler une demande, prendre un engagement et, bien sûr la star, appeler à l'action. Chacune de ces techniques va te permettre de guider ton auditeur pour l'amener à faire ce que tu veux qu'il fasse.

Mais à ce stade, se pose une question éthique. Où finit la persuasion et où commence la manipulation ? Persuader, c'est amener quelqu'un, en toute sincérité, à agir pour son bien au moins autant que pour le tien. Manipuler, c'est ne faire agir une personne qu'à l'aune de tes propres intérêts en lui mentant sur les siens. Je t'encourage à toujours œuvrer dans la lumière, sans jamais verser du côté obscur de l'influence.

Donner des conseils

Cette technique est une première occasion de faire bouger les gens. Les conseils sont des avis que tu donnes au public et que tu l'invites à suivre pour donner une nouvelle direction à son comportement ou à ses actes.

Tes conseils répondent aux interrogations que tu as provoquées ou aux problèmes que tu as soulevés durant ton développement. Pour que ton discours soit mémorable, il est nécessaire que tes conseils présentent une certaine originalité, un côté inattendu, même si à y réfléchir de plus près ils paraissent finalement évidents. Fais en sorte également qu'ils soient aussi aisés que possible à suivre : peu d'effort, pas de fatigue, aucune difficulté. Le cas échéant, mentionne les moyens à mettre en œuvre : ressources humaines, financières, matérielles, apprentissage. Sans cela, ils risquent fort de rester lettre morte.

L'invitation peut être formulée à l'impératif ou bien à l'aide de synonymes du verbe conseiller : recommander, engager, inciter, exhorter, suggérer, préconiser, presser, proposer, etc. Adopte le ton et les nuances qui conviennent pour une mémorisation optimale.

En même temps qu'ils résument tes propos, tes conseils viennent ancrer ta parole dans le quotidien de tes auditeurs. Mais avant qu'ils entendent tes conseils, il faut qu'ils aient bien compris leur intérêt au cours du développement de ton discours. C'est ce qui te donnera toutes les chances d'être suivi.

Après avoir détaillé, études scientifiques à l'appui, les vertus de la méditation, tu en viens brièvement à quelques conseils pratiques : « Méditez. Faites-le chaque jour, avec constance. Commencez par des séances d'une dizaine de minutes, avant le petit-déjeuner. Asseyez-vous dans un endroit tranquille, le dos bien droit, sur un *zafu* ou sur une chaise. Et observez votre respiration. Ne cherchez pas à la contrôler ; observez… simplement. Si une pensée traverse votre esprit, laissez-la passer et revenez à votre respiration, sans vous blâmer. L'échec n'existe pas dans la méditation, tout n'est qu'expérience. Laissez-vous absorber dans le repos du silence intérieur. »

Comme d'autres techniques, la technique du conseil est polyvalente. Elle peut parfaitement servir aussi de résumé (mission 1) simultanément à son usage dans sa mission dominante.

> *[…] Trois autres choses que vous pouvez faire, qui sont toutes aussi révolutionnaires. L'une est : cultiver un jardin. Ça peut sembler une petite chose, mais ça ne l'est pas. Si vous investissez 60 ou 70 dollars dans un jardin potager, vous pouvez produire pour 600 dollars de produits la première année. Vous savez, les gens disent que les produits biologiques sont très chers. En fait, pas si vous les faites pousser vous-mêmes. Nous avons tant de terres non productives qui pourraient enfermer du carbone, nous nourrir et nous donner de l'exercice sans énergie fossile. La deuxième est : retourner dans la cuisine et cuisiner. Beaucoup de nos problèmes viennent du fait que nous avons laissé des sociétés cuisiner pour nous, et elles ne cuisinent pas très bien. Elles cuisinent avec beaucoup trop de sel, de sucre et de gras. Et le seul moyen pour nous de reprendre le contrôle de notre alimentation et de notre système alimentaire est de cuisiner à nou-*

veau, et d'impliquer aussi notre famille. Et la troisième chose qui est, je pense, si évidente qu'il n'est pas nécessaire d'en parler, mais qui dans l'Amérique moderne ne va pas sans dire, est : faites des repas ! Manger à table avec d'autres gens. Je sais, ça ne paraît pas radical, mais ça l'est devenu. 20% de notre nourriture est prise en voiture de nos jours. Nous mangeons face à un écran, nous mangeons devant la télévision, nous mangeons sur le pouce. La nourriture n'est pas qu'une question de carburant. La nourriture est une question de communion. [...]

Michael Pollan
Camden (Maine)
Octobre 2009
15 minutes

Au cours de cette conférence, l'essayiste Michael Pollan nous démontre comment l'industrie agroalimentaire nous maintient dans la dépendance des énergies fossiles, détruit notre environnement et nous rend malades. Dans son finale, l'auteur nous donne trois conseils très simples à appliquer pour nous libérer.

vidéo

Cas d'école n° 15

Cette conférence, qui a pour titre « Éclosion », raconte comment Marie Germain (1860-1910), Sœur Sainte-Marguerite en religion, a réussi, à force de patience et de bienveillance, à apprendre à lire, à écrire et même à parler à une petite fille sourde, muette, aveugle, de naissance et sans éducation.

[...] Dans notre vie, nous rencontrons aussi des gens qui nous paraissent sourds, aveugles et muets. Des gens avec qui la communication ne passe pas.

Pourtant il existe forcément un moyen d'entrer dans une relation bienveillante avec l'autre. Il faut commencer, comme Sœur Sainte-Marguerite, par avoir confiance que ce moyen existe. Puis nous devons observer l'autre, l'écouter. Pas ses mots, mais son cœur. Pour pouvoir nous adapter. Parce que c'est par l'émotion, de cœur à cœur, que nous pourrons instaurer une communication authentique.

Confiance, écoute, adaptation, émotion... Et surtout, surtout, persévérance ! Car, de même que l'eau trouve un jour la mer, il existe toujours un chemin pour communiquer positivement avec autrui.

Cette conférence se termine par un simple conseil : persévérer, quelle que soit la difficulté. Si Sœur Sainte-Marguerite a réussi en dix ans à établir une communication avec une enfant sourde, aveugle et muette de naissance en inventant sa propre méthode, rien ne s'oppose à ce que nous y arrivions aussi un jour avec n'importe quel être humain. Au moins savons-nous que cela devrait durer moins de dix ans.

Interagir avec le public

L'interaction avec le public à ce stade du discours est particulièrement payante à condition de respecter quelques règles. On n'interagit pas dans le finale, comme on interagit dans l'ouverture ou dans le développement. Le but ici n'est pas d'établir la connexion[79] ou de stimuler, mais de faire monter l'énergie, de haranguer, d'exciter.

La question est le moyen le plus sûr pour faire réagir l'auditoire. Cinq formules s'offrent à toi. La pre-

---

[79] Lire du même auteur : *L'Ouverture du Discours*, chapitre III « Les techniques pour établir la connexion », technique n°4 « Obtenir la participation du public ».

mière est le sondage. La question commence par « qui ». Assure-toi de poser une question qui obtient l'unanimité ou presque. Il est primordial que tout le monde se sente concerné. Toute la salle doit lever la main. « Qui est déjà rentré dans un magasin, un supermarché, un hyper ? » C'est en réalité un sondage truqué, un pseudosondage. Car tu as besoin d'une adhésion totale. Si contre toute attente, quelques rares personnes ne se sont pas manifestées, place un trait d'humour : « Vous n'avez pas levé la main ; vous fabriquez vous-même vos produits d'entretien ? »

La deuxième possibilité est la question forcée, une question à laquelle on peut répondre par oui ou par non, mais plutôt oui. Il est impératif que tu reçoives un oui. Tourne ta question en conséquence. Un oui augmente ta force de persuasion. Plus tu obtiendras de oui, plus tes auditeurs passeront facilement à l'action. Après chaque oui, la probabilité d'un non à la question qui suit diminue. Tu peux poser plusieurs questions fermées de suite ou poser plusieurs fois la même en étant de plus en plus insistant jusqu'à obtenir un oui massif. « Vous voulez que je vous dise pourquoi ? — [peu de gens] Oui. Non, je ne crois pas. Vous voulez que je vous dise pourquoi ? — [plus nombreux] Oui. [plus fort] Vous voulez que je vous dise pourquoi ? — [toute la salle] OUI ! »

Troisième option : l'équation. Demande le résultat d'un calcul très simple faisant appel uniquement à des nombres entiers. À la fin d'une conférence invitant les auditeurs à mettre en place de tout petits rituels matinaux, je récapitule : « Méditation : trois minutes. Sport : trois minutes. Gratitude : trois minutes. Combien ça fait ? — Neuf ! » « Neuf, exactement ! » Tout le monde doit trouver la même réponse.

Quatrième solution : l'évidence. Pose une question ouverte dont la réponse, évidente et connue de tous, consiste en un mot, court de préférence. « Après avoir planté la graine, il faut chaque jour… — Arroser. » Ne manque pas de plaisanter gentiment sur les quelques réponses qui tombent à côté. Dans le même registre, tente la feinte si la situation s'y prête. Vers la fin d'un discours, je raconte : « Selon ma vision, les hommes étaient des êtres qui vivaient selon la règle des 3 B : Boire, Bouffer… [silence] ». Certains se risquent, durant le silence que je laisse à dessein, à compléter la triade par le mot grossier qui vient naturellement. Je les feinte en ajoutant après eux : « … Bricoler. », ce qui déclenche l'hilarité générale.

La dernière formule est une injonction. La plupart des conférenciers font lever les gens. Je suggère plutôt de les faire asseoir pour neutraliser le biais de timidité. Si tu dis : « Que ceux qui sont déjà allés sur un site de rencontres se lèvent ! », seuls les plus assurés se mettront debout (mais pas ceux dont le conjoint ignore tout). Et ce serait pire à propos des sex-shops. Si au contraire, après avoir fait lever tout le monde, tu lances : « Que ceux qui ne se sont jamais rendus sur un site de rencontres s'asseyent ! », tu as plus de chances de voir un résultat conforme à la réalité.

Dans tous les cas, tu peux questionner plusieurs fois. Soit en répétant la même question crescendo jusqu'à obtenir un oui massif et survolté. Soit en multipliant les questions pour toujours plus d'engouement. Cette séquence doit s'achever dans l'effervescence.

Pour interagir avec le public, une alternative à la question est l'expérience. Proposer à tes auditeurs de vivre une expérience en rapport direct avec ton sujet. En matière de communication ou de fraternité, tu peux demander aux gens de prendre leur voisin dans les bras, de le regarder dans les yeux pendant plusieurs minutes. J'ai vu un conférencier demander à chacun de dire à son voisin ce qu'il avait retenu de la conférence (ça aide à la mémorisation). Un autre invitait ses auditeurs à exprimer avec quelle émotion ils repartaient (ça aide à la connexion). Un autre encore proposait de s'engager auprès de la personne à côté à poser l'action de son choix dès le lendemain (ça facilite le passage à l'action). Les possibilités sont infinies.

> *[...] Voyez-vous, je ne suis pas ici ce soir parce que je crois que j'ai quelque chose d'important à dire. Je suis ici parce que je crois que vous avez quelque chose d'important à dire. Qu'il y a des amitiés qui attendent d'être formées. Il y a un pardon qui attend d'être donné. Il y a des familles qui attendent d'être renforcées parce que vous avez quelque chose à dire. Et il vous a été donné une voix. Mais il est de votre responsabilité de vous exprimer. Alors, faisons-le ensemble : Un ! Deux ! Trois !*

Kevin Stamper
Vancouver
Août 2017
7 minutes

Kevin Stamper commence son discours par une interaction avec le public dès le début de son ouverture. Dans son finale, il interagit de la même manière.

vidéo

Cas d'école n° 16

Cette conférence, « La Voie de la Transformation », propose la méditation comme moyen d'accès au bonheur. Avant d'en arriver au finale, chacun des bienfaits de la méditation a été illustré par les résultats de recherches ou d'expériences en neurosciences.

[…] Si vous méditez régulièrement, vous serez donc de meilleure humeur, plus détendus, et plus gais. Vos relations, vos capacités, votre santé seront améliorées. Vous serez tout simplement plus heureux… pour le plus grand bonheur de vos familles, de vos amis, et de l'humanité.

Fermez les yeux, s'il vous plaît ! Posez vos mains à plat sur vos cuisses. Et observez votre respiration. Ne cherchez pas à la contrôler. Soyez simplement attentifs. Sentez l'air qui entre par vos narines quand vous inspirez. Sentez les mouvements de votre corps : votre poitrine, votre ventre. Sentez l'air qui ressort. Prêtez attention à cette petite zone entre le nez et la lèvre supérieure… Posez votre esprit.

Vous pouvez rouvrir les yeux. Vous venez de méditer pendant 30 secondes. C'est aussi simple que ça, la méditation. Vous pouvez le faire pendant une minute. Vous pouvez le faire pendant cinq minutes... tous les jours. Vous pouvez commencer ce soir. Vous serez plus heureux chaque jour et vous contribuerez à un monde meilleur. Votre bonheur est nécessaire. Être heureux n'est pas seulement indispensable, c'est un devoir. Alors méditez, s'il vous plaît ! Parce que c'est bon pour vous, c'est bon pour tous. Offrez votre bonheur aux autres ! C'est le plus beau cadeau que vous puissiez faire à l'humanité.

Après avoir exposé les avantages et les bienfaits de la méditation, et le rôle qu'elle peut jouer pour notre bonheur et celui des autres, l'orateur propose au public de vivre lui-même, pendant quelques secondes, l'expérience de la méditation. L'expérience est un moyen très prisé d'interagir avec le public qui marque les esprits.

Promettre un bénéfice

Une promesse est l'assurance, verbale ou écrite, de faire ou de dire quelque chose. En marketing particulièrement, c'est le bénéfice que le vendeur d'un produit ou d'un service propose à son acheteur potentiel. Faire une promesse, c'est donc s'engager sur un résultat.

Ce résultat peut être conditionné au respect de certaines préconisations (la constance par exemple[80]).

Idéalement, ta promesse sera spécifique, mesurable, acceptable, réaliste et temporelle[81]. De préférence, ne mets en avant qu'un seul produit avec de un à trois avantages. Si ton produit présente de nombreux avantages, présente celui ou ceux qui te paraissent les plus adaptés pour ce public en particulier. Selon la sensibilité de ton auditoire, tu peux proposer des bénéfices par gradation, par exemple : bénéfice personnel pour l'auditeur, bénéfice étendu pour son entourage (sa famille et ses amis), bénéfice universel pour la planète (l'humanité, l'environnement). Plus ta promesse sera intéressante, plus l'engagement de ton public sera fort.

Avant de la présenter, évalue bien ta promesse à l'aune des besoins fondamentaux du public[82]. Assure-toi qu'elle coche le plus de cases possible. Tu n'as peut-être pas un produit ou un service à vendre. Mais tu as sûrement une réponse à une question, une solution à un problème, un remède à une souffrance. Adopte la même

---

80 Lire du même auteur : *Les Sept Cavaliers du Succès*, Koan Éditions, 2020.

81 Lire du même auteur : *L'Ouverture du Discours*, chapitre IV « Les techniques pour susciter l'intérêt », technique n°7 « Faire une promesse ».

82 Abraham Maslow, *Devenir le meilleur de soi-même*, 1954.

démarche que s'il s'agissait d'un produit à vendre. Ils veulent quelque chose et tu l'as ; toi, tu veux que cette chose, ils l'emportent. Et pour cela, il faut qu'ils y trouvent un intérêt, qu'ils comprennent que ça peut changer leur vie. Tout se résume à ça.

Fais-les rêver

Faut-il placer la promesse d'un bénéfice avant ou après l'appel à l'action ? Les deux sont possibles, je dirai même les trois : avant, après ou avant-et-après. Il existe une différence procédurale entre avant et après. Avant, tu laisses ton public imaginer son monde idéal : « Comment serait votre vie si vous pouviez ne consacrer que quatre heures par semaine à votre travail tout en gagnant deux fois plus d'argent qu'aujourd'hui ? ». Après, tu lui décris la terre promise : « Vous pourrez consacrer tout votre temps libre à votre famille, à vos amis, à vos projets personnels qui prennent la poussière depuis si longtemps dans un tiroir, vous pourrez défendre les causes humanitaires ou environnementales qui vous tiennent à cœur. »

Le plus important dans ta promesse, c'est que tu te concentres sur le bénéfice plutôt que sur ta solution. Comme le dit Theodore Levitt[83] : « Les gens n'ont pas besoin d'une perceuse. Ils ont besoin d'un trou dans leur mur. » Pose, sur les sujets qui préoccupent ton auditoire, les questions qui stimulent son imaginaire. Décris en détail et de façon vivante comment sera le monde une fois que ton public aura adopté ta solution. Si possible, élargis en trois étapes : le monde de l'auditeur, le monde de son entourage, le monde du genre humain et son environnement.

> *[...] La façon la plus significative de réussir est d'aider les autres à réussir. En propageant cette croyance, nous pouvons inverser la paranoïa. Cela a un nom : la « pronoïa ». La pronoïa est la croyance délirante que les autres complotent pour votre bien-être [rires]. Que dans votre dos, ils disent des choses exceptionnellement élogieuses sur vous. Dans une culture de donneurs, ce n'est pas un délire, c'est une réalité. Je veux vivre dans un monde où les donneurs réussissent et j'espère que vous m'aiderez à créer ce monde.*

---

[83] Professeur de marketing à la Harvard Business School.

Adam Grant
États-Unis
Novembre 2016
13 minutes

« Êtes-vous un donneur ou un preneur ? », c'est la question que pose Adam Grant dans le titre de sa conférence. Après avoir précisé les caractéristiques de l'un et de l'autre profil, et expliqué comment les identifier, l'orateur nous indique en quelques phrases les bénéfices à retirer d'une aide à autrui.

vidéo

Cas d'école n° 17

Pour atteindre immanquablement ses objectifs, cette conférence invite le public à cultiver la constance, et pour la muscler propose trois exercices très simples à faire quotidiennement.

[…] Je vous propose de mettre en place trois Tout Petits Rituels essentiels à partir de demain. Dès votre réveil,

avant même de lire vos sms, avant même de consulter vos emails, avant même d'aller sur Facebook, asseyez-vous dans un endroit tranquille et pratiquez la méditation pendant trois minutes. Commencez par ça, ne faites rien d'autre avant. Ensuite, faites un exercice physique pendant trois minutes. Enfin, passez trois minutes à écrire trois raisons que vous avez de ressentir de la gratitude.

Méditation, trois minutes ; sport, trois minutes ; gratitude, trois minutes. Ça fait combien ? [réponse timide du public] — Neuf. Combien ? [réponse ferme du public] — Neuf. Neuf minutes, exactement ! Vous pouvez le faire ? — Oui. Dès demain ? — Oui. Pendant soixante-six jours ? — Oui.

Si vous consacrez chaque matin quelques minutes à pratiquer ces trois Tout Petits Rituels essentiels, vous musclerez votre constance. Vous serez en meilleure santé, plus confiants, plus déterminés. Vous inspirerez votre famille, vos amis. Vous serez en mesure d'atteindre n'importe quel objectif même élevé et lointain…

Peu importe la lenteur à laquelle vous avancerez, vous irez toujours plus loin que votre fauteuil ou votre canapé.

Commencez petit : vous irez moins vite, mais vous irez plus loin !

Pour inciter les auditeurs à passer à l'action, en mettant en place les trois Tout Petits Rituels dans leur quotidien, je mets en avant les bénéfices qu'ils pourront en tirer pour eux-mêmes et pour leurs proches.

Partager sa vision

Fais rêver ! Ton but est de fédérer, de mobiliser, de rallier les gens à ta cause pour les faire agir ou changer de comportement. C'est le moment où tu t'imposes en leader.

Ta vision est la façon dont tu vois le futur : le futur de ta communauté, le futur d'une industrie, le futur d'une discipline, le futur de l'humanité, etc. Ce futur, tu le vois tel qu'il sera si tes solutions sont mises en œuvre. Ce futur, c'est ta raison d'être, la motivation de toutes tes actions, le résultat de tes efforts et de ceux qui te suivront. Une vision donne du sens au mouvement. C'est ton « Pourquoi[84] ». Il doit devenir aussi le leur. À quelle échéance poindra ce monde idéal ? À toi de le préciser : dans cinq ans, dans dix ans, après ta mort… Dis-le afin que chacun puisse se projeter.

[84] Simon Sinek, *Trouver son pourquoi*, 2018.

Ce qui caractérise une vision, c'est d'abord une ambition, un lien avec quelque chose de plus vaste que soi. Une vision est ambitieuse en restant réaliste. C'est aussi une nécessité de coopération et d'entraide, de fraternité et de soutien. Propose à chacun d'apprendre, de se révéler et de se surpasser en servant la mission. Tous doivent comprendre comment être utile.

« Un tas de pierres cesse d'être un tas de pierres, dès qu'un seul homme le contemple avec, en lui, l'image d'une cathédrale[85]. » Partage ce que tu vois d'invisible. Partage pour que le plus grand nombre y adhère. Les idées ne vivent que par contagion. Décris ta vision concrètement. Fournis des détails. Insiste sur les changements. Partager une vision, c'est faire appel à l'imaginaire, c'est faire vivre ici et maintenant en chaque âme un quotidien phantasmé. Partager une vision, c'est accueillir à cœur ouvert les générations futures. N'évoque ni le comment ni le chemin pour l'instant. Raconte seulement le monde qui sera, pour chacun, pour tous et pour ceux à venir. Donne de l'espoir ! Embrase les cœurs ! Enflamme les esprits ! Harangue, inspire, galvanise[86] !

---

[85] Antoine de Saint-Exupéry, *Pilote de guerre*, 1942.

[86] « Pour enflammer les auditeurs, il faut que la parole brûle. » Cicéron, *L'orateur*, Chap. XXXVIII.

[…] Quand nous permettrons à la cloche de la liberté de sonner dans chaque village, dans chaque hameau, dans chaque ville et dans chaque État, nous pourrons fêter le jour où tous les enfants de Dieu, les Noirs et les Blancs, les Juifs et les non-Juifs, les Protestants et les Catholiques, pourront se donner la main et chanter les paroles du vieux Negro Spiritual : « Enfin libres, enfin libres, grâce en soit rendue au Dieu tout puissant, nous sommes enfin libres ! »

Martin Luther King
Washington
28 août 1963
16 minutes

Ce discours de Martin Luther King, connu sous le nom de « I Have a Dream », est sans aucun doute le plus beau partage de vision de tout l'art oratoire. Toute la deuxième partie de l'allocution est une vision exprimée avec lyrisme : « Un rêve profondément ancré dans l'idéal américain. » Abordant le finale, le pasteur résume cette vision de façon sobre : « Le jour où tous les enfants de Dieu […] pourront se donner la main. »

vidéo

Cas d'école n° 18

J'ai écrit ce discours pour le prononcer lors d'une « soirée de retour AING ». L'AING (Aventure Initiatique du Nouveau Guerrier) est un week-end initiatique pour les hommes[87] consacré à la masculinité et au leadership. Cet événement est organisé par le MKP[88]. Une soirée de retour suit de deux semaines environ le week-end en question. Au cours de cette soirée ouverte à tous, ceux et celles qui le souhaitent peuvent venir sur scène témoigner publiquement.

[...] Une mutation fondamentale de notre société ne peut survenir que par la transformation individuelle. Car la

[87] Il existe des programmes équivalents pour les femmes : sacreefemme.ch, womanwithin.org, womeninpowerprogram.com.

[88] « Le ManKind Project (MKP), né aux États-Unis dans les années 1980, est une organisation non gouvernementale internationale dont le but est d'aider les hommes à s'éveiller à leur pleine maturité d'homme. L'objectif est d'encourager le leadership de chacun pour révéler son plein potentiel en s'appuyant sur les valeurs d'intégrité, de responsabilité et d'authenticité. Le MKP a pour ambition de créer un monde meilleur, plus sûr, plus solidaire ; pour nous-mêmes, pour ceux qui nous sont chers, et pour les générations à venir. Chaque homme, quelles que soient ses origines, ses convictions philosophiques, politiques ou religieuses, y trouve l'occasion de construire sa mission au service du monde, en s'engageant, en assumant ses responsabilités, et en commençant par se changer lui-même.» mkpfrance.org.

société n'est rien d'autre que le produit des interactions entre les individus. « Changez et le monde changera. », disait Krishnamurti.

Je crois qu'il est possible de vivre dans un monde meilleur, parce que je suis convaincu qu'il existe une autre voie que le scrutin ou la révolution. Nous avons, tous, la responsabilité d'aider nos enfants à devenir des êtres libres et heureux. Comment le réussir mieux qu'en travaillant sur soi ?

Le Mankind Project s'est donné pour mission de changer le monde, un homme à la fois, de susciter l'émergence d'hommes sans conflits intérieurs pour ainsi mettre fin aux conflits dans le monde qui nous entoure. L'humanité a besoin de ce genre d'organisation pour construire le monde de demain. L'AING n'est pas le seul chemin, mais c'est un excellent chemin.

Depuis cette expérience, j'ai fait de cette phrase de Mère Teresa ma devise : « Ne laissez personne venir à vous sans qu'il reparte meilleur et plus heureux. »

Voici un exemple limité. Dans ce finale, la vision présentée manque de précision et d'images. Pour convaincre, il aurait fallu être plus explicite dans la description de ce « monde meilleur » qui n'est pas forcément le même pour tout le monde. En 1963, pour certains

Américains, un monde meilleur était un monde avec plus de ségrégation et de petits lynchages festifs de temps à autre ; pour Martin Luther King, c'était un monde de fraternité et d'égalité entre tous les Américains sans exception. Le monde meilleur des écologistes n'est sans doute pas le même que celui des producteurs de pétrole. Face à une perspective floue, les adhésions seront timides, voire inexistantes. N'hésite pas à être clivant. Un futur bien exposé sera toujours plus convaincant et attirera les bonnes personnes.

Formuler une demande

Faire une demande, comme promettre un bénéfice[89], impose de présenter les avantages à retirer d'une réponse favorable. Sinon pourquoi ton auditeur accéderait-il à ta requête ?

Formule ta demande sous forme affirmative ou de manière interrogative. Forme interrogative : « Pouvez-vous envisager les choses sous cet angle ? Pourriez-vous, s'il vous plaît, étudier la question sérieu-

[89] Voir article précédent.

sement ? Pensez-vous pouvoir… Seriez-vous en mesure de… » Forme affirmative : « Je vous demande de vous mettre un instant à la place de cette enfant. Je vous prie de bien vouloir reconsidérer la situation. Je vous invite à imaginer ce que serait un monde sans violence. »

La forme impérative exprimée avec bienveillance peut aussi se tenter : « Veillez désormais, s'il vous plaît, à utiliser systématiquement dans vos conversations le mot "pédocriminel" plutôt que "pédophile". C'est important. Le mot "pédophile" est composé des mots grecs *paidos* (enfant) et *philos* (ami). Or ces gens-là ne sont pas les amis des enfants. »

Une demande peut porter sur un acte nouveau, un regard différent, un changement de comportement, un effort d'imagination. Tout ce qui peut être demandé à un groupe de personnes peut servir de matière à cette technique. Prends le ton qui convient : dramatique, doux, exalté, visionnaire… A priori, formuler une demande paraît plus adapté au discours inspirant qu'au discours persuasif. Mais n'en fais pas une règle absolue. Fais ce qui sert le mieux ta cause et les intérêts du public.

Pense à fixer un délai pour l'exécution : « Dès aujourd'hui ; à partir de demain ; la semaine prochaine ;

ce mois-ci… » Cela facilitera l'engagement et le passage à l'action de ton auditoire.

[…] Mais je suis sûr qu'il ne sera pas infligé à notre cause d'échouer parmi les hommes. En cet instant, je me sens en droit de demander l'aide de tous et je vous dis : « Venez donc ! Avançons tous ensemble en unissant nos forces ! »

Winston Churchill
Londres
13 mai 1940
6 minutes

Trois jours après le début de la Bataille de France, le nouveau Premier Ministre Winston Churchill prononce son discours d'investiture devant la Chambre des Communes, promettant « du sang, du labeur, des larmes et de la sueur ». Dans son finale, il demande solennellement, « pour la survie de l'Empire britannique », l'aide de tout le peuple.

audio

Cas d'école n° 19

Cette conférence rend hommage aux femmes et aux enfants qui furent violés par leurs « libérateurs » à la fin de la Deuxième Guerre Mondiale. Des soldats russes violèrent des Allemandes, les français des Italiennes, les américains des Françaises, etc. Ce sont des centaines de milliers de crimes, impunis pour la plupart, parce que perpétrés par des vainqueurs.

[…] Contrairement à ce que nous enseignent nos livres d'histoire, les Alliés sont loin d'être sans reproches. Ils ont aussi leur part d'ombre. Ils n'abritaient pas dans leurs rangs que des héros, mais aussi des criminels et des complices. À l'occasion des prochaines commémorations du 8 mai 1945, souvenons-nous que dans la guerre, il n'y a pas de belles victoires.

Dans ce finale, la demande invite à porter un regard différent sur un événement. Ne pas limiter la célébration d'une victoire de guerre à la joie et au soulagement, mais prendre aussi conscience de la souffrance des peuples de tous les camps.

Prendre un engagement

S'il t'est possible de prendre un engagement publiquement, fais-le. S'il a été pris auparavant, prouve-le. Tu peux être sûr que cela fera grimper de façon vertigineuse le taux de passage à l'action de ton public. Un engagement, c'est la promesse de mener à bien une action. C'est une parole sous serment, une chose que nul n'est censé trahir. C'est pourquoi tes auditeurs n'hésiteront pas à marcher avec toi.

De même que des investisseurs suivront plus facilement un entrepreneur qui a mis toutes ses économies dans l'affaire, ton public adhérera à tes idées, à ta vision, à ton projet, si tu te montres fortement impliqué, au point peut-être d'y consacrer ta vie.

Imagine que tu es une athlète en conférence de presse après une élimination trop rapide. Voici comment tu pourrais conclure ton intervention : « Oui, c'est vrai, j'ai manqué à la fois de réalisme et de créativité sur le terrain. Mais je n'en resterai pas là. Prenons aujourd'hui rendez-vous. Je serai aux prochains Jeux Olympiques dans quatre ans… plus combative que jamais… Et je monterai sur le podium. » Grâce à un tel engagement qui termine ton discours sur une note d'espoir, tous tes fans seront au rendez-vous. Et d'ici là, gageons qu'ils te soutiendront de tout leur cœur sur les réseaux sociaux et dans tes phases préparatoires.

Un engagement porte sur des actions à mener, des mesures à prendre. Tu ne peux t'en libérer qu'en réussissant ou par l'absolution de tes suiveurs. C'est en quelque sorte une mise en gage de ton honneur.

> *[…] Aujourd'hui, compte tenu de cette totale privation des droits civiques de la moitié de la population de ce pays, de leur dégradation sociale et religieuse – au regard des lois injustes mentionnées ci-dessus et parce que les femmes se sentent lésées, opprimées et privées frauduleusement de leurs droits les plus sacrés, nous insistons pour qu'elles aient accès sur le champ à tous les droits et privilèges qui leur appartiennent en tant que citoyennes des États-Unis.*
> *En entamant ce grand travail dont nous nous sommes saisis, nous ne nous attendons pas à ce que soient petits les malentendus, présentations inexactes de nos idées et moqueries, mais nous allons utiliser tous les instruments en notre pouvoir pour réaliser notre objectif. Nous allons employer des agents, faire circuler des tracts, des pétitions aux législatures étatiques et nationales et nous efforcer d'enrôler l'éducation et la presse en notre faveur. Nous espérons que cette convention sera suivie par une série de conventions embrassant toutes les régions du pays.*

Elizabeth Cady Stanton
Seneca Falls
19 juillet 1848
1 022 mots

Inspiré de la Déclaration d'Indépendance des États-Unis d'Amérique, ce texte intitulé « La Déclaration des Sentiments » est prononcé à l'occasion de la première convention sur les droits des femmes. Le finale se découpe en deux parties. Tout d'abord l'exigence de droits égaux aux hommes pour les femmes. Ensuite, l'engagement « [d'] utiliser tous les instruments en [leur] pouvoir pour réaliser [l']objectif ». Un engagement fort qui fait la liste de tous les moyens persuasifs qui seront employés.

texte

Cas d'école n° 20

La session de questions-réponses qui suivit ce jour-là ma conférence intitulée « La Voie de la Constance » me donna l'occasion de m'engager publiquement. Ce qui eut un fort impact sur le public.

[…] Malheureusement, Armelle me fait signe que nous n'avons plus le temps pour d'autres questions. Merci de votre intérêt et de votre enthousiasme. J'ai trouvé cet échange absolument passionnant. Je regrette de ne pouvoir passer plus de temps avec vous. Mais la chose sera bientôt réparée. Car j'ai pris conscience, grâce à vos questions, qu'une heure de conférence est un cadre trop étroit pour la pratique. C'est pourquoi je vous annonce que j'ai commencé l'écriture d'un livre qui vous fournira une cinquantaine de stratégies pour atteindre à coup sûr vos objectifs, et qui devrait répondre à toutes les questions que je n'ai hélas pas été en mesure prendre ce soir. Je peux déjà vous donner le titre. Il s'appellera Les Sept Cavaliers du Succès. *Sortie prévue au mois de janvier prochain. D'ici là, prenez bien soin de vous. Je vous dis à bientôt !*

Voici, à la fin de la session de questions-réponses, un engagement fort : celui de publier un livre. Engagement que j'ai tenu, puisque le livre est disponible. Cet engagement a fait que le public m'a ensuite suivi sur les réseaux sociaux, et que *Les Sept Cavaliers du Succès* a connu un très bon démarrage.

Appeler à l'action

L'appel à l'action mériterait à lui seul un livre entier, tant il y a dire. Parlons donc de l'essentiel. Pour le discours persuasif, l'appel à l'action est la technique phare, celle que l'on garde en ligne de mire dès le début, la fin de l'entonnoir. Dans ce cas, l'objectif est que chaque auditeur pose un acte, et n'ait pas d'autres choix que de le faire. Pour les autres types de discours, ne voit pas pour autant l'appel à l'action comme une simple option. En y réfléchissant bien, tu peux toujours trouver quelque chose à faire gagner à ton public et à toi-même.

L'appel à l'action, aussi appelé CTA pour *call to action,* est une phrase ou un paragraphe, le plus souvent sous forme d'injonction, qui indique avec précision à l'auditeur quelle action il doit mener. L'appel à l'action se conjugue de préférence au mode impératif. Sous peine de brouillage, un seul message, pas plus, doit être émis. Pense surtout à présenter les bénéfices pour ton auditeur avant ou après l'appel à l'action.

Tentons maintenant une taxinomie, jamais réalisée, du CTA. Pour ce faire, plaçons-nous du côté de l'auditeur, car la formule de motivation sera composée selon ses besoins à lui. Et répartissons-les par classe d'intérêt. Certaines peuvent te rapporter de l'argent, d'autres pas du tout, d'autres encore bien plus que ça.

La vente d'un produit, d'un service, d'une connaissance ou d'un savoir-faire (via une formation) peut se faire à un coup ou en deux temps. Un coup quand la chose à vendre est disponible immédiatement. Deux temps, lorsque tu fais entrer l'auditeur dans un tunnel de vente par un appel gratuit (appel de vente) ou par une participation à un concours. Bénéfice pour ton auditeur : un bien, un service ou un savoir. Bénéfice pour toi : du chiffre d'affaires immédiat (vente « au cul du camion ») ou potentiel (en fonction du succès de l'appel de vente[90]).

La première classe est le CTA communautaire. Pour ce type, ton offre est un abonnement à ta chaîne YouTube ou à ta *newsletter*, une invitation sur LinkedIn ou Facebook, un suivi sur Instagram et Twitter, une demande de réactions à tes publications, etc. Rien à vendre. Bénéfices pour ton auditeur : appartenance à ta communauté, suivi de ton actualité, apprentissage de tes bonnes pratiques. Bénéfice pour toi : la croissance de ta

[90] La maîtrise des vingt-huit techniques présentées dans cette ouvrage te garantit déjà d'excellents taux de conversion. Mais si tu veux encore approfondir la méthode de vente sur scène, je t'invite à consulter l'ouvrage de Sabine Vandebroek : *Organisez & donnez une conférence qui fait vendre*, L'attitude des héros, 2019.

communauté et donc un terrain de communication et de conversion privilégié qui s'élargit.

La deuxième classe vise la citoyenneté. Les CTA de citoyenneté portent, par exemple, sur une élection (votez pour moi !), la participation à un référendum, à un sondage, un jugement, la diffusion d'une information, la préservation de l'environnement, etc. Rien à vendre. Bénéfice pour ton auditeur : appartenance à une communauté (parti politique, ville, région, nation), sentiment d'utilité, participation active au changement, implication écologique. Bénéfice pour toi : adhésion à ta vision, propagation de tes idées (politiques, économiques, philosophiques, etc.).

La troisième classe a trait à la santé et au bien-être. Dans cette catégorie se rangent les CTA impliquant des pratiques de santé, des rituels de bien-être, des conseils de lecture sur ces thèmes, des recommandations sur la sécurité, des prescriptions, des médicaments. Ventes possibles : livres, produits, consultations, formations. Bénéfices pour ton auditeur : perspectives d'amélioration de sa santé et de son bien-être, enrichissement des connaissances sur ces sujets. Bénéfices pour toi : objet de reconnaissance, sentiment d'utilité, enrichissement humain, qualité des rencontres, argent.

Quatrième classe : les CTA d'enrichissement matériel. Cela désigne les placements et les investissements (bourse, bitcoin, immobilier, art, voiture de luxe), l'optimisation fiscale, l'épargne, la limitation des dépenses, les comptes bancaires, le commerce, le MLM. S'enrichir est une motivation prioritaire pour de nombreuses personnes. Il est important d'avoir la maîtrise de ce genre de CTA. Ventes possibles : livres, conseils, consulting, formations. Bénéfices pour ton auditeur : apprentissage des bonnes pratiques financières, possibilité d'abondance. Bénéfices pour toi : argent, meilleure estime de soi (chaque fois qu'un de tes clients s'enrichit grâce à tes conseils, et dans le cas d'une aide aux plus modestes).

La cinquième et dernière classe, représentée par les CTA d'épanouissement, comprend du développement personnel, des pratiques spirituelles, des conseils en psychologie et des lectures inspirantes, bref tout ce qui permet de se sentir pleinement heureux, y compris des objets de luxe, pourquoi pas. Ventes possibles : livres, produits, consultations, formations. Bénéfices pour ton auditeur : émotions positives, meilleure santé, meilleures relations interpersonnelles, trouver du sens à sa vie, sentiment d'appartenance. Bénéfices pour toi : objet de reconnaissance, sentiment de gratitude, argent, sentiment d'être à sa place, de belles rencontres.

Pour forcer un peu le passage à l'action, songe à mettre gentiment la pression. Utilise, isolément ou concomitamment, les leviers de la rareté et de l'urgence qui rendent toute chose irrésistiblement plus attrayante. La rareté se manifeste par un nombre d'offres limité (seulement vingt produits... pour les dix premiers clients...) ou un bonus exceptionnel (la dédicace de ton livre par exemple). L'urgence est marquée par le temps : date butoir (jusqu'au 20 juillet... derniers jours), temps limite (pendant deux heures), période déterminée (uniquement ce week-end), à saisir maintenant (après il sera trop tard). Les deux leviers jouent sur une disponibilité temporaire, sur la peur de rater une occasion et sur la compétition (d'autres personnes veulent aussi le produit[91] ; nous sommes alors comme des enfants au bac à sable : ce caillou ordinaire que nous délaissions devient d'un coup irrésistible dès lors qu'un autre bambin s'y intéresse).

Afin de *booster* encore ton taux de conversion, mets en place des facilitateurs : formule simple et compréhensible, disponibilité immédiate, accès par QR code

[91] Pour connaître les mécanismes psychologiques à l'oeuvre, étudie le livre de Robert Cialdini : *Influence & manipulation*, First, 2004.

affiché sur l'écran, promotion exceptionnelle, bonus, garantie de remboursement, essai gratuit, absence d'engagement, paiement échelonné, etc. Si avec ça, pas un auditeur ne bouge, c'est que tu n'avais pas le bon message pour le bon public. Ou bien que ce n'était pas le bon produit : la promotion du skate-board dans une maison de retraite n'était peut-être pas une idée judicieuse, après tout !

> *[...] Oui... généreuses Citoyennes, vous toutes qui m'entendez, armons-nous, allons nous exercer deux ou trois fois par semaine aux Champs-Élysées, ou au Champ de la fédération ; ouvrons une liste d'amazones françaises ; et que toutes celles qui aiment véritablement leur patrie viennent s'y inscrire ; nous nous réunirons ensuite pour nous concerter sur les moyens d'organiser un bataillon sacré de Thèbes. En finissant, qu'il me soit permis d'offrir un étendard tricolore aux citoyennes du faubourg Saint-Antoine.*
>
> Théroigne de Méricourt
> Paris
> 25 mars 1792

Allant plus loin qu'Olympe de Gouges, Théroigne de Méricourt, réclame, non seulement le droit de vote des femmes, mais aussi le droit pour elles de se constituer en corps armé. C'est dans ce but, que dans le finale de son discours, elle lance un appel à l'action pour l'entraînement régulier aux armes.

texte

Cas d'école n° 21

L'un de mes coachés est au désespoir. Il se sent mal dans son emploi, mais à 55 ans il se trouve trop vieux pour une reconversion : « Tu comprends, je n'ai plus 20 ans ! » Je lui donne alors quelques exemples de choses qu'on fait mieux à 55 ans qu'à 20 ans : on court plus longtemps (les meilleurs marathoniens n'ont pas vingt ans), on est plus cultivé, plus souple (si l'on pratique le yoga), etc. Puis je lui demande pour la fois suivante de me faire la liste de tout ce qu'il fait mieux aujourd'hui qu'à 20 ans (fais aussi cet exercice si tu as plus de trente ans). Le résultat est impressionnant : sa liste fait trois pages et se termine par un clin d'œil à notre précédente conversation : « et effectivement, je fais mieux l'amour qu'avant ! » C'est ce que je raconte pour mon anniversaire dans ce discours que j'ai appelé « 20 ans pour la troisième fois » et qui se termine par le finale suivant.

[...] Je vous ai écrit un petit slam en hommage aux années 80, la première fois que j'ai eu 20 ans.

C'est aujourd'hui que j'ai vingt ans
Ça fait déjà la troisième fois
On m'avait dit ça n'a qu'un temps
Non il suffit d'avoir la foi

Bien plus qu'avant je suis présent
J'honore les fleurs chemin faisant
Je savoure tous ces instants creux
Quand je n'fais rien je le fais mieux

C'est aujourd'hui que j'ai vingt ans
Ça fait déjà la troisième fois
On m'avait dit ça n'a qu'un temps
Mais il suffit d'avoir la foi

Avant j'étais juste dans mon corps
Maintenant je vois clair au-dehors
Je sais bien mieux me dire je t'aime
J'apprécie d'être avec moi-même

C'est aujourd'hui que j'ai vingt ans
Ça fait déjà la troisième fois

Il y a tant de choses toutes mieux qu'avant
Tant de choses qui me donnent de la joie
[Applaudissements]

Jean Yanne disait : « Il faut s'inquiéter lorsqu'on a plus de souvenirs que de projets. » Avec vous et grâce à vous, mes amis, j'ai beaucoup de souvenirs très précieux. Mais j'ai surtout beaucoup beaucoup beaucoup de projets. Notamment, tout de suite, celui de danser toute la nuit. Allez, tout le monde sur le dancefloor *!*

Voici un appel à l'action clair, précis et à exécution immédiate. Les participants savent quoi faire concrètement et quand. C'est l'objectif que tu dois te fixer pour un appel à l'action efficace.

LA QUINTESSENCE

Mission n° 3

Faire bouger le public

Enclenche la dynamique

FAIRE BOUGER LE PUBLIC
Donner des conseils
Interagir avec le public
Promettre un bénéfice
Partager sa vision
Formuler une demande
Prendre un engagement
Appeler à l'action

QUIZZ 4

4.1. Convaincre, c'est provoquer : a) un changement de pensée. – b) une reconversion. – c) un changement de régime. – d) une perte de repères. – e) la victoire ensemble.

4.2. Persuader, c'est entraîner : a) un changement de traitement. – b) un changement de comportement. – c) une forte transpiration. – d) une rupture. – e) diviser les foules.

4.3. La manipulation, c'est : a) remuer quelqu'un dans tous les sens. – b) un bienfait pour l'humanité. – c) l'objectif de tout bon leader. – d) mentir à quelqu'un sur ses intérêts à agir. – e) être honnête.

4.4. Donner un conseil consiste à : a) faire payer une consultation. – b) donner un avis susceptible d'être suivi. – c) menacer. – d) promettre une récompense. – e) donner une correction.

4.5. Interagir avec le public sert à : a) paraître sympathique. – b) s'amuser un peu. – c) gagner du temps. – d) se moquer des gens. – e) maintenir ou faire monter l'énergie.

4.6. Promettre un bénéfice veut dire : a) faire investir en bourse. – b) organiser un braquage. – c) jouer au loto. – d) présenter les avantages d'une solution. – e) distribuer la moitié des bonbons.

4.7. Partager sa vision consiste à : a) prêter sa télévision. – b) couper ses lunettes en deux. – c) indiquer comment on voit l'avenir. – d) inviter à regarder dans une boule de cristal. – e) offrir des jumelles.

4.8. Formuler une demande se fait le plus souvent : a) à la forme interrogative. – b) en cachette. – c) avec un pistolet sur la tempe. – d) à voix basse. – e) en hurlant.

4.9. Quand tu prends un engagement : a) tu abandonnes. – b) tu embauches quelqu'un. – c) tu n'y penses plus. – d) tu fais le contraire. – e) tu fais ce que tu as dit.

4.10. Appel à l'action se dit en anglais : a) call of the wild. – b) call to action. – c) duty free. – d) please do not lean out of the window. – e) chi va piano va sano.

IV

Les techniques pour coudre l'ourlet

Si l'on m'annonçait que la fin du monde est pour demain, je planterais quand même un pommier.

Martin Luther

COUDRE L'OURLET EST CHRONOLOGIQUEMENT LA dernière mission de ton discours et sûrement la plus simple ; c'est la fin de la fin. Cette mission n'est pas pour autant moins importante que les autres. C'est la délicate et fine couche de vernis qui fait la différence entre un produit fini et un produit brut.

Chacune des techniques présentées ici joue un rôle complémentaire. La première et la troisième, « marquer une pause » et « signaler la fin », relèvent de la ponctuation. La deuxième, « boucler sur le début » ajoute une touche d'élégance. Les quatre dernières n'ont qu'un caractère optionnel dépendant du contexte : « adresser des remerciements », « complimenter le public », « formuler des vœux » et « inviter les questions » participent chacune d'un climat positif de cohésion.

Évite absolument de t'éterniser dans cette mission. Un ourlet de pantalon ne remonte pas sous les bras. Tu auras souvent plus à perdre qu'à gagner. Ne prends ton temps que si tu te sens capable de maintenir, dans la nécessité du passage à l'action, l'intensité de l'émotion et le niveau d'engagement chèrement acquis tout au long de ton discours. Sans quoi, sois bref et reviens au silence.

Marquer une pause

Un discours, comme une pièce musicale, comme une phrase, a sa ponctuation, ses respirations... différentes du style écrit... différentes selon l'audience. En musique, la pause est la plus grande unité de silence (moment durant lequel aucun son n'est émis).

C'est en réalité, deux pauses que nous ferons dans le finale. La première sera la plus longue des deux, la plus longue même de tout le discours, au moins égale à celle qui sépare l'ouverture du développement. Elle se situe juste avant le finale, avant sa première phrase.

L'objectif est d'indiquer à l'auditeur l'entrée dans un nouveau mouvement (pour reprendre l'analogie avec la musique) et de lui signifier de redoubler d'attention (ou de revenir au discours s'il s'en était échappé).

La deuxième pause, plus courte, disons de moitié, que la première, précède la toute dernière phrase (ou le tout dernier ensemble) du finale. Cette demi-pause détache et souligne le dernier coup porté par l'orateur et le met en valeur. Ce faisant, elle lui confère de la solennité.

Si le rythme est primordial partout dans le discours, dans le finale, il compte plus encore. Ce sont les pauses qui le fixent et qui le cadrent. Apporte un soin tout particulier à cette technique. C'est la dernière ligne droite. L'enjeu est capital. Pour inspirer les autres, prends le temps d'inspirer toi-même. Une asphyxie pourrait étouffer ta parole. Une faute de rythme pourrait ruiner tous tes effets et rendre ta pensée impénétrable. Au contraire, une cadence finement maîtrisée mènera en plein à l'exaltation des foules.

> *[…] Le résistant Michel Manouchian écrit à sa femme peu avant son exécution par la Gestapo : « Ma chère Méline, ma petite orpheline, ma bien-aimée. Dans quelques heures, je ne serai plus de ce monde. Nous*

allons être fusillés cet après-midi à 15 heures. Au moment de mourir, je proclame que je n'ai aucune haine contre le peuple allemand et contre qui que ce soit. Chacun aura ce qu'il méritera comme châtiment et comme récompense. Bonheur ! Bonheur à tous ! »

Élève-officier Olivier
Paris
27 mai 2019
8 minutes

Ce discours, premier prix du concours d'éloquence du Ministère des Armées en 2019 a pour sujet une citation de Clemenceau : « On peut pardonner à son assassin, mais souffrir d'une humiliation, jamais ! » Dans son finale tragique, l'orateur maîtrise parfaitement le rythme, distribuant les pauses toujours à bon escient, de la première, au moment de l'attaque, jusqu'à la dernière, qui dans ce drame, donne aux mots « Bonheur à tous ! » une résonance toute particulière.

vidéo

Cas d'école n° 22

La poupée Barbie est aujourd'hui régulièrement décriée parce qu'elle impose aux petites filles un canon de beauté inaccessible (notamment à cause de ses proportions impossibles). J'ai voulu, dans ce discours, rappeler le contexte de sa genèse et montrer le rôle qu'elle a joué dans la vision qu'avaient les petites filles de leur avenir de femme. À la fin des années 50, tandis que les petits garçons peuvent, à travers leurs jeux, s'imaginer pompier, cowboy, médecin, skieur, pilote, etc., les petites filles n'ont que deux possibilités : jouer avec un poupon pour se préparer à leur rôle de mère ou jouer avec des formes en cartons représentant des personnages et des robes pour se préparer à leur rôle de femme au foyer. Comparant les possibilités de jeu de son fils Ken et de sa fille Barbara, Ruth Handler se demande : « Pourquoi n'existe-t-il pas une poupée en trois dimensions que ma fille pourrait habiller ? » Ainsi naissent en 1959 la société Mattel et son œuvre majeure : Barbie.

[…] [PAUSEx2] Barbie est la promesse d'une nouvelle forme de jeu. Elle devient vivante entre les mains d'une enfant. Grâce à elle, une petite fille peut désormais se projeter à

l'âge adulte et caresser un autre avenir que celui de mère au foyer. Elle peut s'imaginer évoluer dans le monde des grands en devenant qui elle veut : pompier, avocate, médecin, skieuse, astronaute... Elle n'a plus de limites. [PAUSE] Plusieurs générations de femmes, partout dans le monde, doivent à Barbie la chance de pouvoir faire leurs propres choix de vie. [PAUSEx2] Pour toutes ces femmes, Barbie a brisé le plafond des rêves.

La gestion des pauses, plus encore que dans d'autres parties du discours, est cruciale au moment du finale. La première pause sert à détacher le finale du développement. Les suivantes lui donnent du rythme. La dernière fait résonner l'ultime sentence. (Elle devrait aussi t'éviter de dire « Merci » ou toute autre formule banale pour signaler que c'est vraiment fini.)

Boucler sur le début

Voici ma technique de finale préférée, je crois bien te l'avoir confié : boucler sur le début. Je m'y risque le plus souvent possible. Cette technique est à la fois ronde et carrée. Elle offre tous les plaisirs de la symétrie : élégante et rassurante. C'est un moyen subtil de suggérer au public que nous arrivons à la fin du chemin.

Prends le temps, les prochaines fois que tu regarderas un film, d'analyser ce qui se passe au terme de l'histoire. Très souvent, les dernières scènes ont un ou plusieurs points communs avec les premières : on se retrouve sur le lieu de départ, l'un des personnages prononce la même réplique, les protagonistes se livrent à la même activité. Tout est pareil à quelques nuances près. « Same-same, but different », comme on dit en Thaïlande : « C'est pareil, mais différent. » Quelques nuances pour montrer que quelque chose a changé : le jardin affiche les couleurs d'une autre saison, il manque un personnage, la même activité a lieu dans un autre espace, etc.

Pourquoi le scénariste a-t-il décidé de nous ramener au début du film ou presque ? C'est chez le mythologue Joseph Campbell (1904-1987), popularisé auprès des studios hollywoodiens par Christopher Vogler[92], que l'on trouve un élément de réponse : « Un héros s'aventure à quitter le monde du quotidien pour un territoire aux prodiges surnaturels : il y rencontre des forces fabuleuses et y remporte une victoire décisive. Le

---

[92] Christopher Vogler, *Le guide du scénariste*, 2013.

héros revient de cette mystérieuse aventure avec la faculté de conférer des pouvoirs à ses proches[93]. » D'après Campbell, cette structure narrative, qu'il a baptisé « le voyage du héros » est à la base de tous les mythes, contes et légendes. Aujourd'hui, elle inspire consciemment la majorité des scénarios.

La boucle indique au spectateur le retour au monde quotidien et donc la fin du voyage. Les variantes dans l'environnement manifestent les changements internes opérés chez le héros. De même, ton auditeur (le héros de ta conférence) voit dans cette boucle son renouveau : il revient de ta présentation transformé, muni d'une solution pour rendre le monde meilleur.

Il n'existe pas qu'une seule façon de boucler sur le début. Si tu as commencé ton discours par une citation, tu peux conclure par une citation du même auteur, ou une citation sur le même thème, mais d'un auteur différent. Si tu as débuté par une histoire en laissant le personnage principal dans une situation inconfortable, donne maintenant de ses nouvelles en racontant la fin (heureuse, si possible). Plusieurs techniques de la première mission peuvent t'aider à boucler sur le début.

---

[93] Joseph Campbell, *Le héros aux mille visages,* 1949.

[...] En somme, le peuple n'a ni pain ni travail, et nous n'aurons en perspective que la guerre. Et nous, nous voulons la paix de l'humanité par l'union des peuples. Voilà les crimes que nous avons commis. Chacun cherche sa route ; nous cherchons la nôtre et nous pensons que le jour où le règne de la liberté et de l'égalité sera arrivé, le genre humain sera heureux.

Louise Michel
Paris
22 juin 1883
848 mots

Louise Michel est ici jugée pour « excitation au pillage ». Trois boulangeries ont été pillées durant une manifestation pour les « sans-travail » qu'elle dirigeait. Confiante dans ses talents d'oratrice, elle choisit d'assurer elle-même sa défense. Dès la première phrase de son discours, Louise Michel politise le débat : « Il y a quelque chose de plus important, dans ce procès, que l'enlèvement de quelques morceaux de pain. » Dans la suite, elle consacre plus de temps à attaquer qu'à se défendre. Son finale commence par une boucle sur le pain : « le peuple n'a ni pain ni travail. » Le pain manquant fait écho au pain volé. Et si le pain volé l'était parce que manquant ?

texte

Cas d'école n° 23

« La Puissance de l'Intention », tel est le titre de cette conférence. De nombreuses expériences scientifiques démontrent que l'esprit peut influer sur les événements[94]. J'en évoque quelques-unes dans ce discours.

[...] Prenez l'engagement de poser des intentions. Posez des intentions au début de chaque journée, avant chaque séquence, avant chaque action. Posez au moins deux intentions : une intention personnelle et une intention altruiste. Une pour vous, une pour les autres.

Vous verrez qu'avec la puissance de l'intention, votre état d'esprit sera de plus en plus positif. Chaque instant de votre existence aura du sens. Car ce qui fait la différence entre une bonne journée et une mauvaise journée, c'est votre état d'esprit. Ce n'est que ça.

La puissance de l'intention illuminera vos relations. Cela rendra vos proches, vos amis, plus épanouis, plus

---

[94] Lis à ce sujet Lynne McTaggart, *La science de l'intention*, Ariane, 2008.

heureux. Car notre bonheur dépend bien plus de la qualité de nos relations, que de l'argent ou des biens matériels que nous possédons.

Par la puissance de l'intention, votre niveau d'énergie s'élèvera et rayonnera dans le monde. D'après les recherches du Dr David Hawkins, une personne qui vibre positivement contrebalance la négativité de 90 000 personnes. Or, toujours d'après lui, 87% de l'humanité est sur une fréquence affaiblissante. Le monde a besoin de vos bonnes intentions. Le monde a besoin de votre pleine puissance.

Dirigez vos pensées pour une vie meilleure. Créez exactement le monde que vous voulez. Grâce à la puissance de l'intention, le vent vous sera toujours favorable.

La première phrase de l'ouverture était une citation de Sénèque : « Il n'est pas de vent favorable pour celui qui ne sait où il va. » La dernière sentence du finale, en bouclant sur le début, marque la fin du discours.

Signaler la fin

Signaler la fin, c'est mettre un point définitif à ton intervention. Plus rien ne dépasse. C'est le silence. Annoncer la fin, contrairement aux autres techniques, n'est pas qu'une affaire de contenu. Ça pourrait l'être, il suffirait que tu dises : « Merci de m'avoir écouté. » ou « Merci de votre attention. » ou « Salut mes Chouchous ! » Mais je suis sûr que tu es plus subtil que ça. Résiste à la facilité. Tu peux faire bien mieux en parlant avec ton corps.

Signaler la fin est en fait une conjugaison de plusieurs signes. Tout d'abord, après une courte pause, ajuste le ton de tes derniers mots, détache-les, articule, fais-les résonner. Et combine à l'appui du dernier mot, le dernier geste, le dernier regard.

Trouve ta signature. Le poing levé en signe de lutte ou de résistance. Les bras en V pour la victoire ou la communion. Les bras tendus devant à l'horizontale, paumes vers le ciel comme un don. Les bras ouverts pour embrasser. La main levée en signe de salut. La main sur le cœur pour l'amour. Les mains jointes en gratitude sur la poitrine ou au niveau du visage. La main attendrie qui distribue des bisous. L'index levé vers les forces inspirantes. L'inclinaison de la tête : humilité. Celle du buste : déférence. Le regard vers les cieux, messianique. Le sourire lumineux des yeux jusqu'au cœur… Sois authentique !

[…] Si la première femme, elle était assez forte toute seule pour tourner le monde en dessus en dessous, alors ces femmes-là ensemble, elles devraient pouvoir le retourner encore et le remettre en place ! Et maintenant qu'elles demandent de faire ça, les hommes y feraient mieux de les laisser. Bien le merci de m'avoir écoutée, et maintenant c'te vieille Sojourner, elle a plus rien à dire.

Sojourner Truth
Akron (Ohio)
29 mai 1851
307 mots

Ce jour-là, l'affranchie Sojourner Truth prend la parole à la Convention des Droits de la Femme, invitée par Frederik Douglass, grande figure de l'abolitionnisme. L'oratrice, peu rompue à l'art oratoire, subjugue pourtant l'auditoire par son bon sens et clôt son discours avec un naturel touchant.

texte

Cas d'école n° 24

Voici en exemple un discours que j'ai prononcé pour l'anniversaire de mon ami Fred. Avant d'en arriver au finale, je me suis livré à une affectueuse mise en boîte concernant sa peur (imaginaire) de vieillir.

[…] Mais en vérité, le meilleur moyen de bien vieillir, c'est d'accueillir les années avec le sourire. Parce qu'un sourire, c'est toujours jeune. Alors Fred, garde ce beau sourire que nous aimons tant. Et veille surtout à chérir tes projets plus que tes souvenirs.

J'ai un cadeau pour toi. Tiens ! C'est un Bourgogne, comme tu aimes. Il n'est pas de ton année de naissance – ça m'aurait coûté beaucoup trop cher, surtout en anciens francs – mais il vieillira bien… tout comme toi. Joyeux non-anniversaire Fred !

Des formules comme « Joyeux anniversaire ! », « Bonne année ! » ou « À votre santé ! », tout comme une punchline bien envoyée, marquent sans équivoque la fin d'un discours.

Adresser des remerciements

Dans un contexte où tu ne pourrais vraiment pas échapper à la séquence des remerciements, place-la dans ton finale plutôt que dans ton ouverture. Dans tous les cas, cette séquence brisera le rythme de ton discours. Mais ce serait plus grave durant l'ouverture où tu dois captiver l'auditoire, surtout dans le cas d'une liste de remerciements à rallonge.

Termine en dentelle

Lorsque ton intervention prévoit une séance de questions-réponses, place les remerciements juste avant. Détachée de ton finale, la séquence de remerciements ne créera pas d'interférences indésirables. Si le temps le permet et si veux jouer la totale, tu pourras procéder selon le plan suivant : remerciements individuels, promotion de l'entité organisatrice, perspectives d'avenir. « Avant de répondre à vos questions, je voudrais remercier Laurence Mercier de m'avoir offert la chance de rencontrer ici, en ce lieu historique, un public trié sur le volet. Merci aussi à Denis Tesson, qui depuis mon arrivée hier soir a satisfait mes moindres désirs ; je pense notamment à ce monumental sandwich crudités-mayonnaise qu'il a réussi à me dégoter à trois heures du matin ! Toute ma gratitude va également à l'Association Canadienne des Beaux Parleurs. L'ACBP défend avec panache depuis bientôt dix ans notre belle langue française dans tout le Canada. Le projet de l'association est depuis cette année de créer des ponts avec la francophonie hors Canada. Votre présence ce soir, si nombreux à ma conférence, et l'abondance de connexions en live sur le Net prouve qu'elle a raison. Merci de l'encourager ! »

Si tu dois en passer par cette séquence, fais en sorte qu'elle te serve. Supposons que tu fasses un discours sur les vertus de la gratitude. Tourne alors tes remerciements de la façon la plus inspirante qui soit, que chacun constate que tu es une personne alignée avec ses valeurs. Tu peux aussi remercier le public, mais de grâce ne te contente pas d'un « Merci de votre attention. » Fais en sorte de toucher les gens. Sois le plus bref possible, tout en étant exhaustif. Et surtout, reste sobre (mais sincère et chaleureux) : tu n'es plus dans ton discours.

[...] Je quitte mon poste avec inquiétude.
Mais aussi avec espoir, avec la foi en vous,

en votre sagesse et en votre force d'esprit. Nous sommes les héritiers d'une grande civilisation, et, à présent, il dépend de tous et de chacun qu'elle renaisse pour une nouvelle vie moderne et digne. Je veux de toute mon âme remercier ceux qui, durant toutes ces années, ont défendu à mes côtés une cause juste et bonne. Sans doute, certaines erreurs auraient pu être évitées et beaucoup de choses auraient pu être mieux faites. Je suis persuadé que, tôt ou tard, nos efforts communs porteront des fruits, et que nos peuples vivront dans une société démocratique et prospère. Je vous souhaite à tous tout le bien possible.

Mikhaïl Gorbatchev
Moscou
25 décembre 1991
11 minutes

Impuissant face à la dislocation de l'URSS, Mikhaïl Gorbatchev met fin à ses fonctions de président dans un discours au cours duquel il dresse un bilan de son action depuis 1985 : abrogation du système totalitaire, fin de la guerre froide, cessation de la course aux armements, autonomie des républiques soviétiques. Pour finir, il adresse de chaleureux remerciements à ses compagnons de route proches ou lointains.

vidéo

Cas d'école n° 25

Ce discours est, chez Toastmasters, une figure imposée du HPL (High Potential Leadership). Le HPL est un projet libre dans lequel on met à l'épreuve ses talents de leader. J'avais choisi de co-organiser une soirée payante de conférences données par cinq conférenciers, dont moi. La fin du projet est marquée par un discours au cours duquel il s'agit de dresser, devant les membres de son club, un bilan de l'opération.

[…] Si je devais résumer l'évaluation de cet événement, je dirais. Points forts : une salle pleine (220 personnes pour 228 places), de belles images, l'équilibre financier atteint, beaucoup de plaisir à tous les stades du projet et un auditoire satisfait. Points à améliorer : la constance dans la préparation, la communication en amont et la suppléance du leadership.

Je tiens à remercier tout particulièrement le comité d'organisation constitué d'Alexandra, Angelo, Arnaud, Fred et Ibrahima. C'est par nos efforts conjugués que cet événement a pu voir le jour. Merci aussi à mon comité de soutien composé d'Alain, Alexandra, Angelo et Arnaud. Tous m'ont apporté leur précieuse expérience pour garder le cap. Merci à tous les bénévoles dont le concours a rendu la soirée fluide. Merci enfin, à tous les membres Toastmasters qui sont venus nous encourager ce soir-là ainsi qu'à tous ceux qui nous ont adressé un message stimulant. Je vous communiquerai très bientôt la date.

Maintenant, j'ai vraiment hâte d'organiser la prochaine édition de cet événement dans une salle encore plus grande pour pouvoir vous accueillir encore plus nombreux.

Pour chaque personne remerciée, il est bon de préciser ce qu'elle a apporté. Je conseille de ne pas terminer le finale par les remerciements, mais d'ajouter un mot de conclusion plus ouvert. Ici, le finale s'achève par l'annonce d'une prochaine édition de l'événement.

Complimenter le public

Autre technique optionnelle : complimenter le public. Un compliment fait toujours plaisir. En témoigne Mark Twain (1835-1910) : « Avec un bon compliment, je peux vivre deux mois[95]. » En adressant des compliments à tes auditeurs, tu les valorises, tu les mets en vedette, tu les fais briller. Et ils garderont une belle image de toi.

À propos de quoi peux-tu les complimenter ? Sur la qualité de leur attention, par exemple. « Je tiens à vous féliciter particulièrement pour vos capacités d'attention. Il y a un signe qui ne trompe pas, c'est la qualité du silence. Je n'ai pas entendu un téléphone sonner. C'est incroyable ! ... Ah, c'est parce que vous n'avez pas de réseau ? »

Le cas échéant, tu peux faire référence à la réputation de ton public : « On m'avait dit que le Bénin est une merveilleuse terre d'accueil. Ce soir, je confirme. Depuis l'aéroport jusqu'à cet instant, je n'ai fait que de belles rencontres. Votre générosité, votre enthousiasme, votre bonne humeur m'ont touché comme jamais. » Ou au contraire : « On m'avait prévenu : "Tu verras, les Français, c'est un public difficile. Ils ne sont pas très

---

[95] Mark Twain, *Irrévérence et liberté : Aphorismes,* Arléa, 2006.

réactifs, aucune participation." Eh bien, je pourrai témoigner qu'à Marseille, ce n'est pas du tout le cas. [plus fort] Vous avez été un public formidable ! »

Dans le cadre d'une séance de questions-réponses : « Malheureusement, il est temps de nous quitter. Mais avant, je tiens à vous complimenter pour l'abondance de vos questions, et surtout pour leur pertinence. Vous m'avez offert de précieuses occasions de préciser ma pensée. C'est pour moi le signe d'un vif intérêt pour ma présentation. Bravo à vous ! J'en suis très touché. C'est toujours gratifiant pour un conférencier de constater que le public se passionne pour son sujet. »

Sur le moment, tu trouveras spontanément d'autres prétextes à compliments. L'important est qu'ils soient sincères et personnalisés.

> *[…] Si vous croyez à l'égalité des sexes, vous êtes peut-être l'un ou l'une de ces féministes qui s'ignorent, auxquels je faisais référence il y a quelques instants. Et pour cela, je vous applaudis.*
> *Nous luttons pour un monde uni et nous avons la chance d'avoir un mouvement unificateur. Ce mouvement s'appelle HeForShe. Je vous invite à vous manifester, à faire entendre vos idées, à être le « lui » pour « elle » et à vous demander : si je ne le fais*

pas, qui le fera ? Si je ne le fais pas maintenant, alors quand ?

Emma Watson
New York
20 septembre 2014
12 minutes

Dans le cadre du lancement de la campagne HeForShe (LuiPourElle), Emma Watson est venue au siège de l'ONU délivrer un message aux hommes : « Messieurs, l'égalité des sexes est aussi votre problème. » Son finale est l'occasion de complimenter, « d'applaudir », tous ceux, dans le public, qui croient cette égalité possible.

vidéo

Cas d'école n° 26

Lorsque j'étais formateur de massages pour des cycles annuels, j'avais coutume de prononcer à la fin du cursus un discours d'adieu qui en même temps était l'occasion d'un bilan de l'année écoulée.

[...] Je voulais aussi vous remercier pour cette année passée ensemble. J'ai apprécié votre écoute, votre assiduité, votre engagement, et par-dessus tout votre vif désir de toujours faire de votre mieux. La volonté de faire de son mieux, ainsi que la générosité (dont vous savez aussi faire preuve) sont deux des qualités les plus nécessaires au métier de spa-praticien. Je vous souhaite une belle et longue carrière. Répandez le bien-être autour de vous ! Répandez-le, car il est contagieux !

De manière à ce que les compliments ne paraissent pas plats ou forcés, et peut-être gênants, je mets ici en rapport les qualités individuelles avec les exigences du métier. Une autre façon de faire eût été de citer, à titre d'exemples, des situations réelles qui ont permis de révéler ces qualités.

Inviter les questions

Troisième option : ouvrir la séance de questions-réponses (QR). Dans une configuration idéale, à la fin de ta conférence, après les applaudissements, le maître de cérémonie ou l'organisateur vient te rejoindre sur scène. Et c'est lui qui ouvre le bal des questions. Mais si tu es seul, c'est à toi que revient cette tâche : « Maintenant, je suis à votre disposition pour répondre à toutes vos questions. » Précise le temps alloué ou le nombre de questions que tu prendras.

Si nécessaire pour le bon déroulement de la séance, énonce quelques consignes au choix parmi celles-ci : « Si vous avez une question, je vous demande de lever la main et d'attendre que Thomas vienne vous apporter le micro. Ensuite levez-vous pour que tout le monde vous voie bien. Et indiquez votre prénom et votre profession, s'il vous plaît... Merci... Allez, qui commence ? »

Et s'il n'y a pas de questions ? Il y a toujours des questions. Simplement, il arrive que personne n'ose poser la première. C'est pourquoi mets-toi d'accord avec le maître de cérémonie ou un complice dans la salle pour qu'il te pose cette fameuse première question qui libérera la parole de tout le monde. Tu peux aussi détendre l'atmosphère par un peu d'humour : « Pas de question ? Non ? Je peux vous donner ma recette de mousse au chocolat, si vous voulez... » Ou bien raconter une courte anecdote pour amorcer l'interaction. « Aucune question ? Alors je vais vous raconter la petite aventure qui m'est arrivée pas plus tard que ce matin. Vous verrez c'est parfaitement en lien avec le sujet de la conférence. Je vous demanderai à la fin ce que vous en pensez. » L'important est de ne pas laisser s'installer trop longtemps un silence qui finirait par devenir très gênant pour tout le monde.

Lorsque quelqu'un se lance, répète la question pour que même les gens du fond l'entendent. Et remercie ton interlocuteur : « Excellente question ! Merci. Je suis sûr que vous n'êtes pas la seule à vous la poser. » Après avoir répondu, vérifie que la personne est satisfaite, remercie-la à nouveau et fais-la applaudir : « Ai-je répondu à votre question ? Merci, c'était très intéressant. Vraiment ! On applaudit Anna ! » Ainsi, tu maintiens, avec bienveillance, énergie positive et dynamisme.

Tout est rythme

Si tu n'es pas sûr d'avoir bien compris ou si tu es déstabilisé parce que tu ne vois pas dans l'instant comment répondre, demande à la personne de reformuler. « Je ne suis pas sûr d'avoir bien compris. Pouvez-vous reformuler la question, s'il vous plaît ? » ou, particulièrement en cas de question agressive : « Pourriez-vous être plus spécifique, je vous prie ? », « Qu'entendez-vous par… » Et pourquoi ne pas faire intervenir un autre membre de l'assistance : « Très intéressant ! Qui a envie de répondre à cette question ? Qui veut donner son avis sur ce sujet ? Madame, oui ? Thomas, tu apportes le micro à Madame, s'il te plaît ? »

Un dernier conseil sur cette technique. Je te suggère de réserver la dernière minute de ta séance de QR pour une mini-conclusion (surtout après une dernière question conflictuelle). Sujet libre, mais toujours positif. Tu peux en profiter pour réitérer ton appel à l'action. La structure idéale d'une session de QR est donc : remerciements, questions-réponses, mini-conclusion.

> *[…] Si vous voulez, pour les questions, on va vous donner le micro. Ce que je vous demanderai, si vous voulez, c'est de dire en trois secondes qui vous êtes et pour qui vous travaillez. Ça va nous permettre de comprendre un peu votre contexte. Et si vous êtes à la retraite, c'est aussi une probabilité.*
>
> Christine Morlet
> Sophia Antipolis
> 2014
> 55 minutes

Après presque une heure de conférence (« Les secrets des bons orateurs »), Christine Morlet invite ses auditeurs à poser des questions en commençant par se présenter succinctement. Cela aide l'orateur à savoir d'où parle son interlocuteur, quel est son rapport avec le sujet de la conférence, et quelles en sont ses connaissances.

vidéo

Cas d'école n° 27

Sans nier l'impact écologique du secteur énergétique, cette conférence attire l'attention sur le rôle joué par l'industrie alimentaire dans la dégradation de notre environnement.

[…] Mon but n'est pas de minimiser le rôle du secteur énergétique comme cause du changement climatique. Mais nous ne pouvons plus nous contenter de pointer du doigt l'énergie et les transports. Si nous voulons éviter les graves

impacts du changement climatique, nous devons aussi nous attaquer à la question des systèmes alimentaires.

Énergie et alimentation sont intimement liées. Savez-vous, par exemple, que l'un des plus importants usages du gaz de schiste est la production des engrais azotés pour la filière agricole ?

Les géants industriels de la viande et des produits laitiers ont une part importante de responsabilité vis-à-vis de la situation dramatique dans laquelle nous nous trouvons. Le dérèglement climatique fait qu'il est devenu extrêmement urgent pour chacun d'entre nous d'agir maintenant.

[Applaudissements]

Il nous reste maintenant dix minutes pour que je puisse répondre à vos questions. Si voulez bien…

[Plusieurs questions sont posées.]

Bien ! Nous voici arrivés à la fin du temps imparti… Retenez bien ceci : face aux enjeux climatiques, chacun de nous peut jouer un rôle. Ne comptez pas sur les urnes pour changer les choses. La solution est dans notre assiette. La question que vous aurez à vous poser ce soir en rentrant chez vous est : « Sachant ce que je sais maintenant, puis-je continuer à manger autant de viande ? »

Dans son appel aux questions lancé avec sobriété, l'orateur indique le temps alloué. Après les questions, il reprend la main en prononçant une deuxième conclusion qui rappelle à chacun le comportement à adopter.

Formuler des vœux

La dernière technique optionnelle consiste à adresser des vœux à l'assistance. Quels genres de vœux ? Des vœux de succès, de réussite, de santé, de bonheur…que sais-je encore ? Bien entendu, que des souhaits directement en rapport avec le thème de ta conférence. Des vœux pour le couple si tu parlais du couple. Tu peux aussi formuler des vœux d'une manière plus générale : pour le genre humain, pour la planète, pour la paix, etc.

En 2017, j'ai assisté pendant cinq jours à Bonn à une conférence-séminaire de Joe Dispenza[96], mon modèle de conférencier. Au jour cinq, alors qu'il vient de prononcer ses derniers mots, un tonnerre d'applaudissements et de cris enthousiastes retentit dans la salle. Les

---

[96] Joe Dispenza, *Le placebo, c'est vous,* 2015

mille cinq cents personnes se lèvent ensemble pour une longue, très longue, très très longue *standing ovation* largement méritée. Cette ovation dont il semble qu'elle ne faiblira jamais ne cesse qu'à la demande empreinte de gratitude et d'humilité de Joe.

Une fois les gens rassis, Joe Dispenza reprend la parole. Et entame une série de remerciements personnalisés à l'attention de chaque personne qui a contribué au succès de cet événement, jusqu'à son D.J. qui a ambiancé avec brio tous les débuts de journée et les retours de pauses grâce à sa *playlist* positive.

Puis Joe en vient à complimenter son public avec la même sincérité, la même grandeur d'âme. Il enchaîne en nous adressant ses vœux. Des vœux d'épanouissement, je crois. Je ne me souviens plus de ses mots exacts. J'ai seulement gardé l'émotion gravée en moi de ce moment de rare communion. On peut sentir l'émotion monter de son cœur comme de la salle. Au moment de dire vraiment au revoir et de se séparer définitivement, les mots ne sortent pas. Sa lèvre tremble un peu, il regarde vers le bas. Et des larmes commencent à couler sur ses joues. Sur les miennes aussi… tandis que j'entends renifler tout autour de moi dans le brouillard. En cinq jours seulement, Joe a tissé des liens si solides, si forts, si profonds avec chacune des mille cinq cents âmes réunies, que comme lui, nous avons tous l'impression de quitter un ami très cher pour longtemps.

> *[...] J'espère que vous toutes, qui avez ce grand avantage de l'éducation, ferez non seulement le travail que vous faites en gardant les intérêts nationaux en vue, mais aussi apporterez votre propre contribution à la création de la paix et de l'harmonie, pour amener de la beauté dans la vie de notre peuple et de notre pays. Je pense que c'est la responsabilité particulière des femmes de l'Inde. Nous voulons faire beaucoup pour notre pays, mais nous n'avons jamais considéré l'Inde comme isolée du reste du monde. Ce que nous voulons faire, c'est créer un monde meilleur. Ainsi, nous devons voir les problèmes de l'Inde dans la perspective des problèmes mondiaux plus vastes. Cela m'a fait grand plaisir d'être avec vous ici. J'adresse mes chaleureuses félicitations à celles qui avancent bien et mes très bons vœux à toutes les autres pour qu'elles fassent aussi beaucoup mieux. Ce collège a eu une grande réputation, mais nous devons toujours voir que nous faisons mieux que celles qui étaient là avant nous. Alors, bonne chance et bons vœux à vous !*
>
> Indira Gandhi
> New Delhi
> 23 novembre 1974
> 2 489 mots

Indira Gandhi, alors Première Ministre de l'Inde, prononça ce discours à l'Indraprastha College

For Women de New Delhi à l'occasion du jubilé d'or de l'établissement. Dans son finale, elle adresse à toute une génération de jeunes femmes qui entrent dans la vie active, ses meilleurs vœux de réussite, leur proposant de toujours faire de leur mieux et d'élever leurs ambitions de travailleuses non seulement au niveau de leur pays, mais surtout, plus largement, au niveau mondial.

texte

Cas d'école n° 28

Durant ce toast porté à la nouvelle année avec les membres de mon club Toastmasters, je compare l'état d'esprit de Michael Edwards et de Matti Nykänen aux Jeux Olympiques d'hiver de Calgary (1988), à la fin de l'épreuve de saut à ski. Le premier est le plus heureux des hommes ; il est arrivé dernier (58e), mais il a réalisé son rêve d'enfant : participer au J.O. Le second est insatisfait ; il a gagné la médaille d'or, mais il considère qu'il n'a pas fait de son mieux.

[…] Je vous souhaite de réussir comme Michael Edwards plutôt que de gagner comme Matti Nykänen. Levons nos verres. À vos réussites ! À vos joies ! À votre bonheur !

Dans ce finale, les vœux adressés au public sont l'aboutissement d'un storytelling captivant et instructif.

LA QUINTESSENCE

Mission n° 4
Coudre l’ourlet

Marque la fin par ta signature

COUDRE L'OURLET
Marquer une pause
Boucler sur le début
Signaler la fin
Adresser des remerciements
Complimenter le public
Inviter les questions
Formuler des vœux

QUIZZ 5

5.1. À quel rang se situe la mission « coudre l'ourlet » ? a) en premier. – b) en cinquième. – c) en dernier. – d) n'importe où. – e) ça dépend du temps.

5.2. Combien de techniques compte cette mission ? a) 5. – b) 7. – c) 15. – d) 21. –e) 28.

5.3. Quelle technique ne dépend pas du contexte ? a) inviter les questions. – b) adresser des vœux. – c) complimenter le public. – d) adresser des remerciements. – e) signaler la fin.

5.4. Une pause avant le finale permet : a) de commander un café. – b) de se dégourdir les jambes. – c) de le mettre en valeur. – d) de se rappeler le texte. – e) de changer de vêtements.

5.5. Boucler sur le début revient à : a) mentionner dans le finale un élément du début. – b) tourner en rond. – c) avoir la frange frisée. – d) bégayer. – e) faire un tour de piste.

5.6. Signaler la fin, c'est comme : a) mettre un point final. – b) placer une virgule. – c) agiter un drapeau à damier. – d) laisser un grand vide. – e) dire : « j'y suis, j'y reste. »

5.7. Qui fait partie de la liste des gens à remercier (plusieurs réponses) ? a) les organisateurs. – b) le public. – c) les bénévoles. – d) l'équipe technique. – e) le maître ou la maîtresse de cérémonie.

5.8. À propos de quoi peut-on complimenter le public ? a) son écoute. – b) sa mauvaise foi. – c) son tapage. – d) son désintéressement. – e) sa léthargie.

5.9. Quand invite-t-on les questions, si c'est prévu ? a) au début du discours. – b) au milieu. – c) à la fin. – d) jamais. – d) tu peux répéter la question ?

5.10. Quels genres de vœux peut-on adresser ? a) la réussite. – b) un sortilège. – c) se cogner le petit orteil. – d) une fiente d'oiseau. – e) une soirée ennuyeuse.

V

15 ERREURS QUI TE DESSERVENT

L'expérience est le nom que chacun donne à ses erreurs.

Oscar Wilde

Il y a quelques erreurs dans lesquelles il est prudent de ne pas tomber, quinze erreurs qui peuvent ruiner tous tes efforts. Mieux vaut les connaître pour que ton discours ne finisse pas en queue de poisson pas frais.

En cumulant, ne serait-ce que quelques-unes de ces erreurs, tu prends le risque de fragiliser l'impact de ton finale. À cause de ces impairs, ton discours pourrait rester sans suite et disparaître des mémoires. Tu n'aurais pas gâché uniquement ton finale, mais des heures et des heures de travail… en quelques minutes. Malheureusement, toutes ces erreurs ne pourraient pas être corrigées après coup.

Mais tout cela peut-être évité. En limitant les maladresses, tu mets toutes les chances de ton côté. Ça ne suffira sans doute pas à faire un bon discours, mais ça te dispensera d'en commettre un épouvantable. Reviens fréquemment dans ce chapitre pour apprendre à te tenir naturellement loin de ces erreurs.

Après chaque discours, viens relire la liste noire des pratiques préjudiciables, évalue objectivement ton niveau de conformité à ces consignes et note tes progrès.

1. Ne pas concevoir de finale

La première erreur, la plus dommageable sans doute, serait de ne pas préparer de finale. Ce qui signifie que ton discours se terminerait sur le dernier terme de ton développement. Il y aurait donc très peu de chances qu'il aboutisse à une action de la part du public, et encore moins qu'il reste dans les mémoires (mais après tout, cela vaut peut-être mieux).

Si ton discours ne remplit aucune de ses quatre missions, il ne sert à rien. Mieux vaut aller au bowling, ne crois-tu pas ? Tu auras fait au moins quelque chose de renversant dans ta journée !

2. Ne suivre aucun conseil

Deuxième erreur : ne suivre aucun conseil. Je serais bien surpris que pas un ne te concerne. Certes, à y regarder de près, certains ne sont peut-être pas adaptés à tes circonstances. Mais de là à dire que rien n'est à prendre en compte, c'est un peu exagéré, même si tu as déjà une expérience certaine. Que dis-tu des deux vocations et des quatre missions du finale ? Toujours pas ? Alors je vais rajouter deux conseils : reste humble et ne cesse jamais d'apprendre.

3. Montrer de l'hésitation

En montrant de l'hésitation, tu risques de réduire à néant tous tes efforts pour amener ton public à faire ce que tu veux qu'il fasse. Pour prendre une décision, tes auditeurs ont besoin de se sentir guidés avec assurance. Toi : « Elle est vraiment sûre, cette voiture ? Vous me la conseillez ? » Le vendeur : « Euh, je crois… »

Ton hésitation leur donnera l'impression de passer d'une large route goudronnée, lisse comme un billard et parfaitement fléchée sous un ciel radieux, à une piste de brousse vaguement tracée, de nuit et sans boussole, dans une voiture sans phares aux pneus crevés (j'en fais trop ? J'avais pourtant enlevé les zombies). Penses-tu sérieusement qu'ils arriveront à destination ?

Le meilleur remède à l'hésitation, c'est la préparation.

4. Improviser

L'improvisation, c'est génial ! Cette sensation de liberté... L'excitation du risque... Oui, mais pas ici ! Pas maintenant ! Tu n'es pas là pour vivre de folles sensations, mais pour atteindre un objectif : faire passer des gens à l'action.

Improviser, c'est risquer l'hésitation (encore elle !), le manque de structure, l'absence de logique, le défaut de stratégie, l'oubli d'une étape, la pauvreté du vocabulaire, la chute d'énergie... et finalement le ratage lamentable de la cible. Tout ce chemin parcouru, toute cette force dépensée jusqu'à la fin du développement pour zéro résultat ! (Encore un jour propice au bowling !)

5. En rajouter

Si durant ton finale, tu penses tout d'un coup à un point que tu as oublié d'évoquer dans ton développement, n'en parle pas. N'en parle surtout pas ! Tant pis ! Tu risquerais de perdre tout ton auditoire.

Tes auditeurs ont besoin, pour rester dans la confiance qui les mènera à agir, d'entendre à nouveau exactement ce que tu as dit dans ton développement, et dans le même ordre. Ne change rien, ni aux puces ni à la séquence. Un seul élément de plus, argumenté ou pas, comme un gros caillou, enrayerait la belle machine que tu as mise sur les rails de la persuasion et du succès. Redis uniquement ce que tu as dit et ne rajoute rien.

6. Digresser

Digresser non plus n'est pas autorisé. C'est encore une des multiples fâcheuses occasions de perdre le public. Tu étais sur un sujet A depuis le début ; tout d'un coup, sans prévenir, tu passes à un sujet B. Tes auditeurs seront déstabilisés. Ne voyant pas le rapport avec ton propos, et pour cause, il y a de fortes chances qu'ils décrochent, fuyant la confusion. Et lorsque tu reviendras enfin sur ta ligne, la plupart seront déjà partis en pensée dans leur vie d'après et perdus définitivement pour le passage à l'action. Ils ne seront donc pas en mesure de décider quoi que ce soit, si ce n'est de ne rien décider.

La confusion est l'ennemie des décisions.

7. Changer de style

Tu peux changer de ton (de sérieux à grave), tu peux changer de rythme (posé puis rapide), tu peux changer de registre émotionnel (dramatique vers humoristique). Mais évite de changer de style. Ne passe pas, par exemple, du style conversationnel et décontracté de ton développement au style « panthéonisant » d'André Malraux en hommage à Jean Moulin. Tu ne peux que déstabiliser ton public. Et un public désorienté, par définition, ne sait plus quelle direction prendre, ne sait plus comment agir. « Mission 3 : raté. Je rentre à la base — [ksh-ksh] Bien reçu, Charlie Pas-Bravo-Du-Tout ! On vous attend au deuxième sous-sol ! »

8. Finir en négatif

« Si nous ne faisons rien aujourd'hui, demain l'humanité tout entière aura disparu de la surface de la Terre. » Tu ne peux pas laisser les gens rentrer chez eux dans cet état – si tant est qu'ils aient encore envie de rentrer chez eux après cette condamnation apocalyptique (pour ma part, j'irai, même seul jusqu'au bout de la nuit, me saouler avec les rats dans tous les caniveaux de la ville).

Ne cesse jamais d'apprendre

Par pitié, même si les circonstances sont dramatiques, même si la situation est urgente, termine toujours sur une note d'espoir. Sinon à quoi bon se lever demain matin ? « Vous voyez, il nous reste encore quelques chances de léguer à nos enfants et à nos petits-enfants une planète où il fera bon vivre pour très longtemps. Agissons ensemble ! Maintenant ! » Perçois-tu la différence ?

9. Remercier indéfiniment

Nous sommes tous d'accord pour dire que la partie la plus ennuyeuse de la cérémonie des Césars, ce sont ces remerciements qui n'en finissent pas. Alors, pourquoi en faire autant ?

Si tu ne peux vraiment pas échapper aux remerciements, fais court, très court. De grâce, ne nous narre pas tout le périple du héros depuis « l'appel à l'aventure » jusqu'au « retour muni de l'élixir » en passant par la « rencontre avec le mentor » et « l'épreuve finale » ! Je vais le dire poliment : ça n'intéresse pas le public. Or n'es-tu pas là pour lui ?

10. S'éterniser

T'éterniser ne rendra pas ton discours éternel. Au contraire, cela l'effacera des mémoires. Traîner en longueur sur la scène sans vouloir la quitter, c'est obliger tes auditeurs à tourner en rond dans le sables mouvants sans savoir pour combien de temps[97].

Certains conférenciers s'éternisent pitoyablement en expliquant en long, en large et en travers tout ce qu'ils auraient aimé dire de plus, mais qu'ils n'ont pas pu, faute de temps. Mais si tu manques de temps, ne le gaspille pas ! Et n'en fais pas perdre à l'auditoire ! C'est le discours qu'il faut achever, pas le public !

Si s'éterniser est le verbe qui s'impose, c'est que le propos n'est pas passionnant. S'il n'est pas passionnant, il faut vite arrêter. N'accepte jamais de paraître pathétique aux yeux du public.

11. Bâcler la fin

La fin de ton discours approche. Et tu réalises que tu n'auras pas le temps d'aller jusqu'au bout. Alors tu décides d'écourter ton finale. Mauvais choix ! Grave erreur !

---

97 « En effet, si l'orateur s'arrête trop longtemps, ce ne sera plus une énumération, mais un second discours. » Quintilien, *op. cit.* Livre VI Chap. I.

Bâcler le finale, n'est vraiment pas la meilleure chose à faire. Si tu te vois trop long, abrège plutôt ton développement. Supprime son dernier point. Ou réduis-en l'argumentation, prive-le d'une illustration.

Chacun des éléments de ton finale joue un rôle primordial. Annule une seule de ses missions et c'est tout ton discours qui s'écroule. En éliminant la dernière minute de ta conférence, tu perds une heure entière (sans compter le temps de préparation).

12. S'excuser

Ne t'excuse pas ! Jamais ! Ne t'excuse pas pour le retard. Ne t'excuse pas d'avoir été trop long. Ne t'excuse pas de ne pas avoir eu le temps. Ne t'excuse pas de ne pas avoir tout dit. Ne t'excuse pas d'avoir oublié des éléments. Ne t'excuse pas d'avoir été confus. Ne t'excuse pas pour l'absence de micro. Ne t'excuse pas pour la panne de vidéoprojecteur. Ne t'excuse pas pour ta voix, ton accent, ton français. Ne t'excuse pas !

Ne t'excuse pas pour des choses que tes auditeurs n'ont peut-être pas remarquées ou qu'ils ont déjà oubliées. De toute manière, tu ne peux plus rien y changer. Les derniers mots restent plus facilement dans la mémoire. Que veux-tu laisser comme souvenir à ton public ? Tes défauts, tes échecs, la tache de mayonnaise sur ta chemise… Vraiment ?

Ne cède pas non plus à l'autodérision qui est souvent une forme d'excuse. L'autodérision est utile dans l'ouverture : elle te rend sympathique et te permet d'établir la connexion avec le public. Dans le finale, elle ne fait que ravages.

13. Faire de l'autopromotion

Faire son autopromotion est aussi une très mauvaise idée. Tu crois peut-être que ça t'aidera à faire passer ton message et à vendre plus. C'est tout le contraire. Tu perds un temps précieux que tu pourrais consacrer avantageusement à fortifier ton appel à l'action.

Ton CV, tes géniales réalisations, l'histoire de ton entreprise, tout le monde s'en moque. Tes auditeurs ont un problème et ils veulent un remède. C'est tout. Alors, déploie plutôt les bénéfices de ta solution. Convaincs-les que c'est la bonne. Et persuade-les de l'adopter. Ainsi personne ne se sera déplacé pour rien.

14. Finir brutalement

« C'est tout pour moi ! » C'est ainsi que terminent un grand nombre d'humoristes de *stand-up*. Quel gâchis ! Surtout après une excellente prestation, drôle et raffinée. Qu'est devenue la mission « coudre l'ourlet » ? Ce n'est même pas de l'ourlet fait à la machine, c'est de l'ourlet industriel sous-bas de gamme ! Quand j'entends ça, j'ai l'impression qu'à la fin d'un repas succulent on me jette, à l'aide d'une grosse louche sale et baveuse, un dessert d'apparence digéré.

Musée des horreurs : « C'est tout ce que j'avais à vous dire. », « J'espère que ça vous a plu. », « J'en ai terminé. », « Bon, eh bien, j'ai fini. », « Merci de votre attention », « Merci de m'avoir écouté. »… Et la fière vedette : « Voilà ! » Ah, il en a des fans, ce mot !

Prends conscience une bonne fois pour toutes qu'en matière d'éloquence « voilà » est un juron, l'un des pires qui soient. Que dirais-tu, en tant qu'auditeur, d'une conférence qui s'achève par un juron ?

Bon, d'accord, « merci » n'est pas un gros mot. C'est un moindre mal. Mais résiste à son utilisation. Fais l'effort de signaler la fin de ton discours d'une façon plus convaincante et surtout plus originale. Reviens à la technique n° 3 de la quatrième mission : « signaler la fin ».

15. Parler encore après

« Y en a un peu plus ! Je vous le mets ? » annonce le boucher retors, espérant bien te le mettre ce fichu bout de viande. Eh bien, non ! Non et re-non ! Une conférence n'est pas une pièce de boucherie (quoique certaines sont des carnages !) : elle ne se vend ni au poids ni à la coupe.

Quand c'est fini, c'est fini ! Tu as conclu. Les applaudissements sont passés. Maintenant, garde le silence et retire-toi (non, reviens : il y a des questions).

Ne t'imagine pas qu'une tranche ou une louche de plus fera plaisir à tes auditeurs, bien au contraire. Tu risques de créer la confusion, encore plus si tu apportes une nouveauté. Laisse-les avec ce que tu viens de graver dans leur mémoire. Ne va pas interférer avec cette belle mécanique que tu as mise au point. Ce serait un peu comme le prof de maths voulant trop bien faire, qui après t'avoir expliqué une méthode que tu as eu toutes les peines du monde à comprendre, t'en expliques une autre soi-disant plus simple que non seulement tu ne saisis pas malgré un effort soutenu, mais qui en plus te fait fâcheusement perdre la première.

LA QUINTESSENCE

Les 15 erreurs
qui te desservent

1. Ne pas concevoir de finale	2. Ne suivre aucun conseil	3. Montrer de l'hésitation
4. Improviser	5. En rajouter	6. Digresser
7. Changer de style	8. Finir en négatif	9. Remercier indéfiniment
10. S'éterniser	11. Bâcler la fin	12. S'excuser
13. Faire de l'auto-promotion	14. Finir brutalement	15. Parler encore après

VI

15 CONSEILS POUR RÉUSSIR

Méfie-toi des conseils,
mais suis les bons exemples.
Georges Courteline

METTRE EN ŒUVRE LES TECHNIQUES répertoriées et se garder des erreurs identifiées suffit largement à concevoir un finale honnête, un finale qui tient la route.

Cependant si tu tiens à hisser ton finale à un niveau supérieur, en obtenant à tous les coups de rester dans la mémoire des gens et de les faire bouger, alors tu découvriras dans les prochaines pages quinze conseils en or orateurs exigeants. La grande majorité de ces recommandations concernent exclusivement la préparation en amont : conception, apprentissage et répétition. Les quatre dernières, en revanche, s'attaquent à la prestation proprement dite le grand jour.

Avant de mettre scrupuleusement en application ces conseils, il est important que tu te sentes très à l'aise avec les deux vocations, les quatre missions, et les vingt-huit techniques. Sans cela, tu ne profiteras pas à plein de ces pépites.

Applique scrupuleusement chacun des conseils qui suivent et tu auras l'immense bonheur de mettre tes auditeurs D.E.B.OU. et en action.

1. Respecte les objectifs

Première règle fondatrice : fais en sorte que ton finale respecte l'intention de ton discours. Ton discours est-il divertissant, informatif, persuasif ou inspirant ? Il est vital que ton finale reste sur la même ligne.

Aligne aussi ton finale sur ton objectif spécifique, celui que tu as posé implicitement ou explicitement en ouverture. Dès le début, tu as fixé ce que tu voulais que tes auditeurs retiennent de ton discours et quelle action tu voulais qu'ils fassent à la fin. Reste cohérent par rapport à ça.

Plus les trois parties de ton discours (ouverture, développement, finale) seront alignées entre elles, avec tes objectifs et avec ton intention, plus tu as de chances d'atteindre ta cible.

2. Rédige entièrement

Rédige ton finale exactement tel que tu le diras. Ne laisse aucune place à l'improvisation. L'enjeu est bien trop grand pour le confier au hasard.

Écris chaque phrase avec soin. Respecte une syntaxe simple, rédige des formules courtes ; pas de parenthèses, peu de subordonnées.

Chacune de tes phrases doit servir l'une des quatre missions du finale, ou plusieurs à la fois. Élimine toute formule superflue pour atteindre la pureté du message.

Reviens sans cesse sur ton travail d'écriture jusqu'à ce qu'il te semble que tu ne peux plus rien ni ajouter ni retrancher[98].

---

98 « Il faut donc écrire avec tout le soin possible, et beaucoup écrire ; car de même que plus on creuse profondément la terre, plus elle féconde et développe les semences qui lui sont confiées ; de même l'esprit, lorsqu'on ne se borne pas à une culture superficielle,

Souviens-toi qu'il te faut produire l'impact maximum. Dose la charge émotionnelle et persuasive avec finesse, à l'once près, de sorte que lorsque tu presseras le détonateur de ton finale, la déflagration sera telle que ton auditoire sera soufflé.

3. Rédige en dernier

Après avoir conçu la structure de ton développement, rédige ton ouverture. Et en dernier seulement, lorsque tout le reste est en place, attelle-toi à la rédaction de ton finale.

La première mission de ton finale étant de dire ce que tu as dit, il est bien logique d'attendre que soit structuré ton développement.

Il est tout à fait possible, dans ton travail, de faire passer le finale avant l'ouverture, si cela te met plus à l'aise. Cependant, si tu décides d'utiliser la technique de la boucle, la rédaction du finale devra se faire postérieurement à celle de l'ouverture.

---

répand ses fruits avec plus d'abondance et les conserve mieux. » Quintilien, *op. cit.*, Livre X Chap. III.

4. Choisis tes mots

Choisis bien tes mots. Chacun doit véhiculer un sens : pas de mots creux, pas d'ornements. Que des mots de tous les jours. Le temps du finale est aussi bref que l'enjeu est grand.

Les termes recherchés, les expressions alambiquées, sont à proscrire parce qu'interruptifs dans la pensée de l'auditeur. De même, le jargon est déconseillé. Soigne ton vocabulaire, mais reste simple[99].

Souviens-toi que ce sont là tes dernières secondes. Tu n'as plus que ce temps pour convaincre et persuader. Qu'aimerais-tu laisser comme impression ?

5. Agence les mots

L'effet provoqué par une phrase dépend largement de la place de chacun de ses mots[100].

---

[99] « Tout se réduit donc à ce précepte : Il faut tâcher d'écrire le mieux qu'on peut, mais écrire pourtant comme on peut. » Quintilien, *op. cit.*, Livre X Chap. III.

[100] « Il faut, dans la composition du discours, choisir soigneusement les termes, et en étudier l'arrangement. » Cicéron, *op. cit.*, Livre I Chap. V.

Place en dernier de préférence, le mot ou l'expression que tu veux faire résonner dans l'esprit de tes auditeurs. Car c'est ce mot-là qui vibrera plus longtemps que les autres, comme la dernière touche pressée d'un piano.

« Belle Marquise, vos beaux yeux me font mourir d'amour[101]. » Dans cette phrase, le mot le plus influent est assurément « amour ». Dis maintenant : « D'amour mourir me font, belle Marquise, vos beaux yeux[102]. » Et sens l'importance qu'a gagnée à présent « vos beaux yeux » !

Prends donc l'habitude d'ordonner avec intelligence, dans chaque phrase, les mots en fonction de l'impact que tu veux obtenir.

6. Adapte-toi

Pour un même discours, tu ne pourras pas forcément faire le même finale en toutes circonstances.

---

101 Molière, *Le bourgeois gentilhomme*, 1670.
102 *Ibid.*

Adapte-le à l'auditoire, aux conditions, à la salle. Sache peser chaque mot, ciseler chaque phrase afin d'obtenir le meilleur écho possible pour ce moment précis[103].

Si ton message est universel, la façon de le faire passer peut fluctuer en fonction de différentes variables. Tes mots n'auront probablement pas la même portée dans une pièce comptant 50 personnes que devant une salle de 1 500 personnes. Interagir avec le public dans le premier cas soulèvera moins d'énergie que dans le second.

La même chose est vraie en fonction du profil de l'auditoire et de ses compétences cognitives : professionnel, néophyte, hostile, amical… Choisis toujours le bon message pour le bon public.

Le bon message pour le bon public

[103] « L'orateur qui veut plaire étudie les dispositions de ceux qui écoutent. Il s'assujettit absolument à leurs volontés, à leurs fantaisies. » Cicéron, *L'orateur*, Chap VIII.

7. Calibre

Le calibrage a aussi son importance. Ton finale devrait représenter à peu près de 5 % à 10 % de ton discours. C'est la règle observée pour un discours bien équilibré[104].

Pour une conférence d'une heure, ton finale durera jusqu'à six minutes. C'est normalement assez pour remplir les quatre missions. Assure bien aussi la proportion de chacune à l'intérieur de l'ensemble selon l'effet que tu veux obtenir et l'objectif que tu t'es fixé.

Le finale, c'est comme le café ; tout est affaire de dosage : court, il excite, allongé, il déçoit !

8. Lis à voix haute

Une fois rédigé (voir conseil n° 2), lire ton texte à voix haute te permettra de faire quelques vérifications et éventuellement de procéder à un certain nombre d'arrangements.

---

[104] « Au moins tu conviendras, je pense, que tout discours doit être composé comme un être vivant ; avoir un corps qui lui soit propre, une tête et des pieds, un milieu et des extrémités proportionnées entre elles et avec l'ensemble ? » Platon, *Phèdre*, 385-370 av. J.-C.

Le style écrit et le style oral peuvent différer. Certaines syntaxes, certaines formulations, s'accommodent mal d'une déclamation.

Le passage de la page à la bouche, du stylo à langue, impose parfois quelques rectifications.

Prête attention à la façon dont tes mots résonnent lorsque tu les dis. Si ton texte bute contre les lèvres ou heurte l'oreille, changes-en la formulation (voir conseils n° 4 et n° 5). Il doit couler en bouche sans accrocs.

9. Laisse reposer

Dès que ton finale te semble au point, que tu penses avoir fait de ton mieux, que tu ne vois plus comment l'améliorer, laisse-le reposer[105]. N'y touche plus pendant quelque temps.

---

[105] « Il n'est pas douteux que la meilleure méthode ne soit de laisser reposer pendant quelque temps ce qu'on a écrit, pour le revoir ensuite comme un ouvrage tout nouveau et composé par un autre, et ne pas se laisser abuser par cette tendresse qu'ont tous les pères pour l'enfant qui vient de leur naître. » Quintilien, *op. cit.*, Livre X, Chap. IV.

La mauvaise nouvelle, c'est que tu risques de ne pas apprécier les retrouvailles. Il se peut que ton texte te paraisse moins bon que lorsque tu l'as laissé.

À la relecture, quelques défauts qui t'avaient échappé apparaîtront. Efface-les. Relis à voix haute. Continue de corriger. Perfectionne tout ce qu'il t'est possible de perfectionner. Et n'arrête que lorsque tu es pleinement satisfait.

10. Apprends par cœur

Je l'ai déjà dit : il n'y a pas de place dans le finale pour l'improvisation (voir conseil n° 2), ni pour l'approximation, ni pour l'hésitation…

Ton finale doit être parfaitement maîtrisé pour toucher sa cible. C'est pourquoi il te faut apprendre le texte par cœur.

Et le naturel, la spontanéité ? me diras-tu. T'es-tu déjà fait la réflexion, en voyant un grand comédien jouer du Corneille, qu'il n'était pas naturel ? J'en doute. Pourtant il a appris ses répliques par cœur. De plus, il ne parle pas comme on parle tous les jours. L'alexandrin est bien la façon la moins naturelle au monde de s'exprimer. Tout cela ne l'empêche pas de toucher le public.

Le par cœur est pour toi la meilleure garantie de remplir les quatre missions dans ta quête du public[106]. Par cœur, mais sans donner l'impression de réciter. Ton texte ne doit pas donner l'impression d'avoir été écrit à l'avance dans ses moindres détails.

Combien de temps cela prend-il d'apprendre par cœur ? Pour un finale de cinq minutes (ce qui correspond à une conférence d'une heure environ), compte plus ou moins deux heures selon tes capacités de mémorisation, à raison d'une session de trente minutes par jour pendant quatre jours.

Pour une meilleure mémorisation, je te suggère d'enregistrer ta voix sur ton smartphone. Passe-toi ensuite l'enregistrement en toutes occasions : dans la rue, au volant, en faisant les courses, dans les salles d'attente, etc. Passe-le aussi au moment de t'endormir, lorsque ton cerveau descend dans la gamme des ondes alpha propice à l'apprentissage.

---

[106] « Aussi n'y a-t-il que ceux dont la mémoire est vive et forte qui sachent ce qu'ils diront, dans quelle mesure et dans quels termes. Cicéron, *Les trois dialogues de l'orateur,* Livre II Chap. LXXXVII.

11. Répète

Maintenant, pour que tu sois en mesure de restituer ton discours avec aisance, il va falloir répéter encore et encore.

Répète ton finale à la moindre occasion : dans ta salle de bain (non, pas avec la brosse à dents dans la bouche), pendant que tu repasses (ne prends pas le fer pour un micro), en te promenant (cours si tu vois arriver les hommes en blanc)…

Répète ton finale jusqu'à ce qu'il te vienne naturellement, jusqu'à ce qu'il paraisse, non pas récité, mais formulé dans l'instant, jusqu'à ce qu'il fasse partie de toi, comme le texte d'une pièce fait partie du comédien.

C'est un processus qui demande beaucoup de persévérance. Parce que dans un premier temps, ton texte ne semblera pas récité, mais pire : ânonné. Répéter inlassablement ressemble un peu à gravir une montagne. Si tu abandonnes pendant la montée, ton finale restera une récitation sans âme. Mais si tu persévères, si tu parviens jusqu'au sommet, tu verras au bas de l'autre versant fleurir la vallée du naturel. Et quand tu diras ton texte, tes auditeurs la verront aussi.

12. Reviens au centre

Juste avant d'entamer ton finale, reviens au centre de la scène. Là, tu as deux possibilités.

Si ton finale est à produire sur le mode de la harangue, tu peux reprendre les déplacements latéraux. Mais change quelque chose pour marquer une différence avec le développement : marche plus rapide, moins ample, gestuelle plus appuyée, etc. cela illustrera le dynamisme. C'est le finale *yang*.

Si au contraire, ton finale est conçu pour apaiser ou rassurer, reste au centre et n'en bouge plus, ou quasiment, jusqu'à ton dernier mot. Cela marquera la confiance. C'est le finale *yin*.

13. Change de rythme

Parlons du rythme ! Encore une fois, deux options s'offrent à toi. Accélérer ou ralentir par rapport au développement.

Tu l'as sûrement deviné. Pour exciter, il faut accélérer ; c'est le finale *yang*. Et pour rassurer, il faut ralentir ; c'est le finale *yin*[107].

Voici quelques repères. La vitesse d'élocution correcte d'un conférencier se situe à 150 mots par minute[108] environ. Dans une finale *yin*, descends jusqu'à 120 par minute[109]. Dans une finale *yang*, tu peux grimper à 180, sans risquer l'excès de vitesse.

Dans tous les cas, parle distinctement, ar-ti-cu-le, détache bien les mots, les syllabes, les phrases, même avec un débit rapide, surtout avec un débit rapide.

---

[107] « Vous finirez par une péroraison qui, suivant les besoins de la cause, puisse enflammer ou calmer les esprits. » Cicéron, *L'orateur*, Chap. XXXV.

[108] Les présentateurs des journaux d'informations de radio et de télévision s'expriment à 200 mots/minute. Les reportages enregistrés montent, eux, jusqu'à 230, les pubs encore un peu plus haut – la minute d'antenne coûte cher. (Étude Colas Rist, Université d'Orléans, 1999).

[109] Le Président Jacques Chirac parlait en public à une vitesse de 120 mots/minute.

14. Change de ton

Je dis bien change de ton, pas de style (erreur n° 7). Le ton est un subtil dosage entre la hauteur, le timbre et l'intensité dans le but, conscient ou inconscient, de communiquer une émotion[110].

Tandis que le développement a certaines vocations, le finale en a d'autres. Ce changement de vocation entre les deux parties justifie le changement de ton.

Selon les recherches d'Alice Zoghaib, Phd, professeur associée en marketing à l'ISG, les orateurs possédant une voix grave (vs aiguë), mate (vs brillante) et lisse (vs rugueuse) offrent une image d'efficacité, tandis que les orateurs à la voix aiguë, mate et lisse sont perçus comme compétents[111]. Choisis ton camp ! Heureusement, toujours selon la chercheuse, le genre de l'orateur ne joue qu'un rôle persuasif secondaire.

---

110 « Ainsi la flexibilité de la voix appartenant tout entière à la rhétorique, demande une attention particulière. » Cicéron, *Rhétorique à Herennius*, Livre III Chap XIII.

111 Alice Zoghaib, « Persuasion vocale : les effets des caractéristiques vocales et du genre de l'orateur sur les réponses du consommateur », *Recherche et Applications en Marketing*, avril 2019, p. 34.

D'autres recherches concluent qu'une voix grave révèle une attitude dominante[112]. Et une étude ajoute que les individus dotés d'une voix attractive sont souvent perçus comme étant sûrs de soi[113]. C'est notamment sur cette base que Rosario Signorello, expert en sciences du langage, postule qu'un orateur qui cherche à dominer un auditoire parle en fréquences basses, tandis qu'il s'adresse sur des fréquences plus hautes à un groupe qu'il veut séduire[114].

15. Soigne la dernière phrase

Durant toute la préparation de ton finale, travaille avec soin ta toute dernière phrase. C'est elle qui résonnera le plus longtemps dans la salle. Travaille la syntaxe, les mots, le sens, la portée, le rythme... Il faut que ça balance ! Ne cesse que lorsque tu ne peux plus faire mieux.

---

[112] J. J. Ohala, « An ethological perspective on common cross-language utilization of F0 of voice », *Phonetica,* 1984, p. 1-16.
[113] Miron Zuckerman et Robert E. Drive, « What sounds beautiful is good : The vocal attractiveness stereotype », *Journal of Nonverbal Behavior,* 1989, p. 67-82.
[114] Rosario Signorello, « La Voix Charismatique Aspects Psychologiques et Caractéristiques Acoustiques », *Thèse de Doctorat,* Université de Grenoble, 2014.

Au jour de la livraison, marque une pause juste avant ton ultime sentence. Prends une bonne inspiration. Rassemble-toi. Tu n'as pas le droit de trébucher. Tu dois laisser la meilleure impression possible[115].

Durant cette suspension, je me vois comme un perchiste à l'arrêt au début de la piste, tendu vers l'objectif, intégrant simultanément tous les paramètres de l'environnement dans son calculateur interne : revêtement du sol, portance de l'air, température ambiante, hygrométrie, vitesse et direction du vent... Je visualise le franchissement de cette barre horizontale qui se détache là-haut dans le ciel. Puis je m'élance pour le grand saut que je veux faire jaillir comme un puissant coup de gong qui touche au cœur et fait vibrer les âmes.

---

[115] « Frapper le dernier coup en déchaînant les passions. » Quintilien, *op. cit.*, Livre IV Introduction.

Les meilleurs conseils sont ceux qu'on donne aux autres !

LA QUINTESSENCE

Les 15 conseils
pour réussir

1. Respecte les objectifs	2. Rédige entièrement	3. Rédige en dernier
4. Choisis tes mots	5. Agence les mots	6. Adapte-toi
7. Calibre	8. Lis à voix haute	9. Laisse reposer
10. Apprends par cœur	11. Répète	12. Reviens au centre
13. Change de rythme	14. Change de ton	15. Soigne la dernière phrase

ÉPILOGUE

La vie des morts consiste à survivre
dans l'esprit des vivants.

Cicéron

PASSE TOUT LE TEMPS QU'IL faut à sculpter, poncer, vernir ton finale. Ces dernières phrases sont peut-être la seule trace que tes auditeurs garderont de ton passage dans leur vie, comme on conserve pendant des années, d'un merveilleux séjour, une carte postale jaunie et tachée, pliée en deux dans son sac à main ou son portefeuille[116].

Une fois rédigés ton développement et ton ouverture de discours, songe à la façon dont tu vas terminer. Quelles techniques comptes-tu utiliser pour chaque mission ?

---

[116] « La péroraison termine avec art le discours. » Cicéron, *Rhétorique à Herennius*, Livre I Chap XIX.

Les vingt-huit techniques de finales, qu'elles soient plus particulièrement destinées à proposer un digest, à susciter l'émotion, à faire bouger le public ou à coudre l'ourlet, peuvent être combinées entre elles à volonté, à l'intérieur d'une même mission ou d'une mission à l'autre. Par exemple, tu peux boucler sur le début (Ourlet 2) grâce à une citation (Digest 7) humoristique (Émotion 5). De même que tu peux asséner une punchline (Émotion 6) qui porte ta vision (Bougement 4) et signale la fin (Ourlet 3). Tout est possible. Tu disposes d'un très vaste champ de combinaisons qu'il ne tient qu'à toi d'explorer.

Après avoir choisi les techniques dont tu vas user, couche intégralement sur le papier un finale qui confirme les deux vocations et remplit les quatre missions[117]. Vérifie ensuite que ton texte est en phase avec les objectifs de ton discours et respecte tous les tropismes. Assure-toi de n'avoir fait aucune des quinze erreurs. Et suis scrupuleusement les quinze conseils de réussite. Une dernière chose importante à prendre en compte : Un auditeur arrivé en retard qui n'entendrait que ton finale devrait comprendre toute ta conférence.

---

[117] « Vous finirez par une péroraison qui, suivant les besoins de la cause, puisse enflammer ou calmer les esprits. » Cicéron, *L'orateur,* Chap. XXXV.

Tout ce processus t'apparaîtra sûrement un peu contraignant dans les débuts. Mais si tu t'entraînes avec constance, cela finira par devenir spontané. Après un certain temps, tu seras dispensé de suivre consciemment ces étapes à la lettre. De profonds discours ont été écrits par des orateurs qui n'appliquaient pas les techniques, mais qui les avaient pratiquées suffisamment longtemps pour s'en affranchir. Aujourd'hui, après avoir écrit de nombreux finales de discours avec cette méthode, je m'en suis émancipé, car je l'ai intégrée dans ma créativité. J'écris entièrement mon finale sans me préoccuper une seule fois des règles. Ce n'est que lorsque j'ai terminé que je contrôle avec ma check-list : les deux vocations sont-elles suivies ? Toutes les missions sont-elles remplies ? Quelles techniques ai-je utilisées ? Ai-je suivi tous les conseils ? Reste-t-il des erreurs ? C'est dans cette phase de vérification, que je peux me dire éventuellement : « Tiens, je rajouterais bien une punchline pour donner du jus. »

Loin de moi l'idée de prétendre que ces vingt-huit techniques sont les seules à exister. Je suis seulement sûr d'une chose : elles font partie des meilleures pour concevoir un finale réellement impactant. Un finale qui rend ton discours mémorable et persuade les gens d'agir.

Tous les moines présents, des plus jeunes aux plus âgés, se souviendront leur vie entière des dernières paroles du vieux maître, le jour du rossignol au bec rouge. Leur vie entière, ils se souviendront de son appel à l'action. Car depuis ils le vivent : ici et maintenant !

EXERCICES

Personne ne sait ce qu'il est capable de faire tant qu'il n'a pas essayé.

Publius Syrus

VOICI, POUR T'ENTRAÎNER ET TESTER tes capacités d'analyse, quelques finales de discours variés. Le titre et le contexte en ont été volontairement omis. Comprends-tu d'emblée de quoi il s'agit en les découvrant ?

Pour chacun de ces finales, évalue ce que tu en as retenu, demande-toi si tu es convaincu et à quel point tu ressens l'envie de passer à l'action. Puis, fais le compte de toutes les missions remplies ; dans quel ordre apparaissent-elles ? En manque-t-il ? Pour chaque mission, identifie les techniques exploitées par l'orateur. Comment se combinent-elles ? Quelles erreurs as-tu remarquées ? Quels sont les points forts ?

Dans le chapitre suivant, tu trouveras des fiches d'analyse vierges pour t'aider dans tes études. Fais-en des photocopies (tu as ma bénédiction… mais seulement, parce que c'est toi). Cela étant dit, pour une meilleure organisation et des résultats plus probants, je te suggère de commander en ligne dès maintenant le carnet d'analyse que j'ai spécialement conçu pour toi. L'accès se trouve dans le prochain chapitre.

En scannant le QR code au bas de chacun des finales qui suivent, tu auras accès à la version intégrale du discours – c'est important de pouvoir apprécier le finale dans sa relation avec le reste. Lorsque le code est placé à gauche, c'est une version écrite qui t'est proposée (sa longueur est alors exprimée en nombre de mots). En revanche, si le code est à droite, tu trouveras en ligne une version vidéo ou audio (dont la longueur est précisée en minutes).

Dans la majorité des cas, il n'y a pas de bonnes ou de mauvaises réponses à ces exercices. C'est pourquoi aucun corrigé n'est mis à ta disposition. Cependant, tu trouveras au début du chapitre suivant un exemple de fiche remplie concernant le discours n° 9.

Pour chaque exercice, réponds simplement en fonction de ta sensibilité. Le plus important est que tu te forges une opinion. Entraîne-toi le plus souvent possible, jusqu'à transformer cette pratique en une seconde nature. Avec le temps, à force d'analyses, tes prises de parole deviendront de plus en plus mémorables.

01. « Si nous gagnons ce combat, le combat le plus difficile jamais mené, eh bien, je ne doute pas qu'à l'avenir, tout sera plus facile pour les femmes du monde entier lorsque le moment viendra de remporter leur combat. C'est pourquoi je ne présente aucune excuse pour ma présence ici, et je ne m'excuse aucunement, Mrs Hepburn, de venir demander aux personnes devant moi, si certaines s'y sentent enclines, de m'aider afin que je reparte avec de l'argent qui ira rejoindre les fonds que, je le sais, nos femmes récoltent chez nous, au prix d'un sacrifice personnel désespéré. De la sorte, lorsque nous commencerons notre campagne l'année prochaine au moment des élections législatives, il est probable que nos inquiétudes quant à notre situation financière seront moins grandes qu'elles l'auraient été si je n'avais pas trouvé la force et la santé de venir pour accomplir cette tournée des États-Unis somme toute ardue. »

Emmeline Pankhurst
Hartford
13 novembre 1913
1 472 mots

02. « Messieurs, cette victoire, qu'il nous soit permis, à cette heure, de la vivre, par avance, dans la communion de nos cœurs à mesure que nous y puisons plus et plus d'un désintéressement inépuisable qui doit s'achever dans le sublime essor de l'âme française au plus haut de ses plus hauts espoirs. Un jour, de Paris au plus humble village, des rafales d'acclamations accueilleront nos étendards vainqueurs, tordus dans le sang, dans les larmes, déchirés des obus, magnifique apparition de nos grands morts. Ce jour, le plus beau de notre race, après tant d'autres, il est en notre pouvoir de le faire. Pour les résolutions sans retour, nous vous demandons, Messieurs, le sceau de votre volonté. »

Georges Clemenceau
Paris
20 novembre 1917
1 141 mots

03. « Je pense que nous devons établir des priorités. Nous devons nous demander si nous allons faire un effort maintenant vers l'épanouissement individuel ou si nous allons mener un combat pour une société plus humaine, si nous allons créer une défense forte contre ce qui peut très bien devenir un miroir du fascisme. Je ne pense pas, voyez-vous, que nous avons vraiment le choix. Je ne pense pas que la question se pose de savoir quelle devrait être la priorité. Je pense que la priorité est très claire. Parce que, et c'est la dernière chose que je veux dire, si nous ne travaillons pas à empêcher le déploiement total du fascisme dans ce pays, nous ne pourrons même plus parler… nous ne pourrons même plus parler de l'épanouissement individuel à l'avenir. »

Angela Davis
Los Angeles
10 août 1969
32 minutes

04. « Il est maintenant temps d'agir au nom des femmes partout dans le monde. Si nous prenons des mesures audacieuses pour améliorer la vie des femmes, nous prendrons également des mesures audacieuses pour améliorer la vie des enfants et des familles. Les familles comptent sur les mères et les épouses pour le soutien affectif et les soins. Les familles comptent sur les femmes pour le travail à la maison. Et de plus en plus, partout, les familles dépendent des femmes pour le revenu nécessaire pour élever des enfants en bonne santé et s'occuper d'autres membres de la famille. Tant que la discrimi-

nation et les inégalités resteront si courantes partout dans le monde, tant que les filles et les femmes seront moins valorisées, moins nourries, nourries en dernier, surmenées, sous-payées, non scolarisées, soumises à la violence à l'intérieur et à l'extérieur de leur foyer, le potentiel de la famille humaine pour créer un monde pacifique et prospère ne sera pas réalisé. Que cette conférence soit notre appel à l'action, et celui du monde. Faisons entendre cet appel, afin de créer un monde dans lequel chaque femme sera traitée avec respect et dignité, chaque garçon et chaque fille aimés et soignés de la même manière, et où chaque famille aura l'espoir d'un avenir solide et stable. C'est le travail qui vous attend. C'est le travail devant nous tous qui avons une vision du monde que nous voulons voir pour nos enfants et nos petits-enfants. Le temps est venu. Nous devons aller au-delà de la rhétorique. Nous devons aller au-delà de la reconnaissance des problèmes, pour travailler ensemble, pour fournir les efforts communs qui nous permettront de construire ce terrain d'entente que nous espérons voir. Que Dieu vous bénisse, votre travail et tous ceux qui en bénéficieront. Bon courage et merci beaucoup. »

Hillary Clinton
Pékin
5 septembre 1995
20 minutes

05. « Monsieur le Président, à ceux qui se demandent avec angoisse quand et comment nous allons céder à la guerre, je voudrais dire que rien, à aucun moment, au sein de ce Conseil de Sécurité, ne sera le fait de la précipitation, de l'incompréhension, de la suspicion ou de la peur. Dans ce temple des Nations Unies, nous sommes les gardiens d'un idéal, nous sommes les gardiens d'une conscience. La lourde responsabilité et l'immense honneur qui sont les nôtres doivent nous conduire à donner la priorité au désarmement dans la paix. Et

c'est un vieux pays, la France, d'un vieux continent comme le mien, l'Europe, qui vous le dit aujourd'hui, qui a connu les guerres, l'occupation, la barbarie. Un pays qui n'oublie pas et qui sait tout ce qu'il doit aux combattants de la liberté venus d'Amérique et d'ailleurs. Et qui pourtant n'a cessé de se tenir debout face à l'Histoire et devant les hommes. Fidèle à ses valeurs, il veut agir résolument avec tous les membres de la communauté internationale. Il croit en notre capacité à construire ensemble un monde meilleur. »

Dominique de Villepin
New York
14 février 2003
16 minutes

06. « Et à ce moment, j'ai réalisé qu'il avait fallu 47 ans, mais que M. Alligator était finalement venu. Et il était venu de toute évidence sous une forme que j'ai mis du temps à comprendre, qui est que lorsque nous donnons au monde ce que nous voulons le plus, nous soignons la part blessée à l'intérieur de chacun de nous. Et ces huit dernières années, j'ai senti que ce voyage, ce miraculeux voyage du vagin, m'a appris cette chose très simple : que le bonheur existe dans l'action, il existe quand on dit la vérité et quand on dit quelle est notre vérité, et il existe en donnant ce que l'on veut le plus. Je sens que cette connaissance et ce voyage ont été un privilège extraordinaire, et je me sens bénie d'être ici aujourd'hui pour vous le communiquer. »

Eve Ensler
Monterey
Février 2004
20 minutes

07. « Regardez les hommes politiques de nos jours avec leur plan détaillé en 12 étapes. Ils n'inspirent personne. Parce qu'il y a les dirigeants, et les leaders. Les dirigeants ont une position de puissance ou d'autorité. Mais les leaders nous inspirent. Qu'il s'agisse d'individus ou d'organisations, nous suivons les leaders, non parce qu'on doit le faire, mais parce qu'on veut le faire. Nous suivons les leaders, pas pour eux, mais pour nous-mêmes. Et c'est ceux qui commencent avec le "pourquoi" qui sont capables d'inspirer ceux qui les entourent ou de trouver ceux qui les inspirent. »

Simon Sinek
New Castle (Washington)
16 septembre 2009
18 minutes

08. « Nous avons donc décidé d'ouvrir ce mariage et cette adoption aux couples de même sexe, le mariage qui, je le disais tout à l'heure, je le démontrais avec des références historiques et juridiques, a été une institution de propriété puisque, je vous le disais, le mariage a d'abord servi à marier des patrimoines, des héritages et des lignées. Il a été une institution de possession puisque le mari et le père avaient une autorité absolue sur l'épouse et sur les enfants. Il a été une institution d'exclusion, nous l'avons vu, le mariage civil a mis un terme à une double exclusion, des croyants non catholiques et certaines professions, donc toute une série de citoyens. Ce mariage, qui a été une institution d'exclusion, en incluant dorénavant les couples de même sexe va enfin devenir une institution universelle, enfin le mariage devient une institution universelle. Alors vous pouvez continuer à refuser de voir, vous pouvez continuer à refuser de regarder autour de vous, vous pouvez continuer à refuser de tolérer la présence y compris proche de vous, y compris peut-être dans vos familles de couples homosexuels. Vous pouvez toujours conserver le

regard obstinément rivé vers le passé et encore, et encore, en regardant bien le passé vous trouverez des traces durables de la reconnaissance officielle y compris par l'Église de couples homosexuels. Vous avez choisi de protester contre la reconnaissance des droits de ces couples, c'est votre affaire, nous, nous sommes fiers de ce que nous faisons, nous sommes fiers de ce que nous faisons. Et nous sommes si fiers de ce que nous faisons que je voudrais le définir par les mots du poète Léon-Gontran Damas : "L'acte que nous allons accomplir est beau comme une rose dont la tour Eiffel assiégée à l'aube voit enfin s'épanouir les pétales. Il est grand comme un besoin de changer d'air, il est fort comme le cri aigu d'un accent dans la nuit longue". Merci à vous. »

Christiane Taubira
Paris
29 janvier 2013
30 minutes

09. « Chers sœurs et frères, le soi-disant monde des adultes peut le comprendre, mais pas nous, les enfants. Pourquoi les pays que nous appelons forts sont-ils si puissants pour faire la guerre, mais si faibles pour amener la paix ? Pourquoi ? Pourquoi donner des armes est-il si facile, mais donner des livres si difficile ? Pourquoi ? Pourquoi est-il si facile de fabriquer des tanks, mais si difficile de construire des écoles ? Nous vivons à l'ère moderne et nous croyons que rien n'est impossible. Nous avons atteint la Lune il y a 45 ans et nous allons peut-être bientôt atterrir sur Mars. Alors, en ce 21e siècle, nous devons être en mesure de donner à chaque enfant une éducation de qualité. Chers sœurs et frères, chers concitoyens, nous devons travailler… pas attendre. Pas seulement les politiciens et les dirigeants mondiaux, nous devons tous contribuer. Moi. Vous. Nous. C'est notre devoir. Devenons la première génération à décider d'être la dernière, devenons la première génération qui

décide d'être la dernière à voir des salles de classe vides, des enfances perdues et des potentiels gaspillés. Que ce soit la dernière fois qu'une fille ou un garçon passe son enfance dans une usine. Que ce soit la dernière fois qu'une fille est forcée à se marier précocement. Que ce soit la dernière fois qu'un enfant perd la vie à la guerre. Que ce soit la dernière fois que nous voyons un enfant déscolarisé. Que cela se termine avec nous. Commençons cette fin ensemble, aujourd'hui, ici même, maintenant. Commençons cette fin maintenant. Merci beaucoup. »

Malala Yousafzai
Oslo
10 décembre 2014
27 minutes

10. « La vraie confiance en soi vient en façonnant un apprentissage continu. Et si, au lieu de passer nos vies à faire, faire, faire, performer, performer, performer, nous passions plus de temps à explorer, à demander, à écouter, à expérimenter, à remettre en question, à lutter et à devenir ? Et si nous avions tous toujours quelque chose que nous tentons d'améliorer ? Et si nous créions plus d'îles et de rivières à enjeux mineurs ? Et si nous étions clairs, avec nous-mêmes et notre équipe, sur les moments où nous voulons apprendre et ceux où nous voulons performer, afin que nos efforts puissent devenir plus conséquents, que notre amélioration ne s'arrête jamais et que notre niveau devienne encore meilleur ? »

Eduardo Briceño
Manhattan Beach
5 novembre 2016
11 minutes

Fiches vierges

La réalité ne pardonne pas
une seule erreur à la théorie.

Léon Trotski

DANS CE CHAPITRE, TU TROUVERAS des fiches vierges que tu peux utiliser pour étudier des finales de discours.

En haut à droite, commence par attribuer un numéro à ta fiche et écris la date de ton analyse.

Dans le premier pavé, inscris le nom de l'orateur ou de l'oratrice, le titre du discours, sa date et le lieu où il a été délivré. Précise sa source, sous forme d'adresse URL par exemple, ainsi que sa durée en temps ou en nombre de mots.

En deuxième partie, calcule la proportion que représente, en temps ou en nombre de mots, le finale par rapport à la totalité du discours. Mentionne si ce finale t'a paru mémorable et s'il t'a donné envie de passer à l'action. Donne également ici une appréciation générale.

Puis dans les deux pavés suivants, coche les missions que tu penses avoir été remplies par le finale, et identifie toutes les techniques utilisées pour atteindre ces buts.

Enfin, indique, dans les deux derniers pavés, d'une part ce qui, selon toi, constitue les points à améliorer pour faire du texte étudié un finale parfait, et d'autre part les points forts à retenir et sûrement à suivre pour accomplir efficacement l'une ou l'autre des missions.

La page qui suit t'offre un exemple de la façon dont il est possible de remplir une fiche concernant le discours n° 9 du chapitre *Exercices*.

commande
ton cahier
d'analyse

Analyse

Finale de Discours

Fiche n° : 9

Date : 03/09/2021

Orateur / Oratrice : Malala Yousafzai — Date : 10/12/2014

Titre : Prix Nobel de la Paix — Lieu : Oslo

Source : youtu.be/MOglotJrFVM — Durée : 27 mn

% Finale : 12% — Mémorable : ☒Oui – Action : ☒Oui

Appréciation générale : Convaincant, émouvant

Missions accomplies

☒Digest ☒Émotion ☒Bougement ☒Ourlet

Techniques utilisées

☒Vaste	☐Anecdote	☐Conseils	☒Pause
☒Sujet	☒Interroger	☐Interaction	☒Boucle
☐Titre	☐Confier	☐Bénéfices	☒Signal
☒Points	☐Témoin	☒Vision	☐Merci
☐Clefs	☐Humour	☐Demande	☐Compliment
☐Leçons	☒Punchline	☒Engagement	☐Question
☐Citations	☐Marteler	☒Action	☒Vœux

Zones d'amélioration

Aucune

Points forts

Forte émotion. Parallèles saisissants. Insistance et répétitions. Persuasif

Analyse

Finale de Discours

Fiche n° : ....
Date : ....

Orateur / Oratrice :	Date : ....
Titre :	Lieu : ....
Source :	Durée : ....

% Finale : .... Mémorable : ☐Oui – Action : ☐Oui

Appréciation générale : ....

Missions accomplies

☐Digest	☐Émotion	☐Bougement	☐Ourlet

Techniques utilisées

☐Vaste	☐Anecdote	☐Conseils	☐Pause
☐Sujet	☐Interroger	☐Interaction	☐Boucle
☐Titre	☐Confier	☐Bénéfices	☐Signal
☐Points	☐Témoin	☐Vision	☐Merci
☐Clefs	☐Humour	☐Demande	☐Compliment
☐Leçons	☐Punchline	☐Engagement	☐Question
☐Citations	☐Marteler	☐Action	☐Vœux

Zones d'amélioration

Points forts

Analyse

Finale de Discours

Fiche n° : ....

Date : ....

Orateur / Oratrice : .... Date : ....

Titre : .... Lieu : ....

Source : .... Durée : ....

% Finale : .... Mémorable : ☐Oui – Action : ☐Oui

Appréciation générale : ....

Missions accomplies

☐Digest ☐Émotion ☐Bougement ☐Ourlet

Techniques utilisées

☐Vaste	☐Anecdote	☐Conseils	☐Pause
☐Sujet	☐Interroger	☐Interaction	☐Boucle
☐Titre	☐Confier	☐Bénéfices	☐Signal
☐Points	☐Témoin	☐Vision	☐Merci
☐Clefs	☐Humour	☐Demande	☐Compliment
☐Leçons	☐Punchline	☐Engagement	☐Question
☐Citations	☐Marteler	☐Action	☐Vœux

Zones d'amélioration

Points forts

Ressources

Solutions des quizz

Quizz 1 :
1.1.d) 1.2.c) 1.3.b) 1.4.e) 1.5.a) 1.6.e) 1.7.a) 1.8.d) 1.9.b) 1.10.a) 1.11.a) 1.12.b)

Quizz 2 :
2.1.c) 2.2.a) 2.3.c) 2.4.c) 2.5.b) 2.6.a) 2.7.b) 2.8.a) 2.9.e) 2.10.e)

Quizz 3
3.1.d) 3.2.b) 3.3.a) 3.4.b) 3.5.c) 3.6.e) 3.7.b) 3.8.a) 3.9.a)b)c)e) 3.10.b)

Quizz 4
4.1.a) 4.2.b) 4.3.d) 4.4.b) 4.5.e) 4.6.d) 4.7.c) 4.8.a) 4.9.e) 4.10.b)

Quizz 5
5.1.c) 5.2.b) 5.3.e) 5.4.c) 5.5.a) 5.6.a) 5.7.a)b)c)d)e) 5.8.a) 5.9.c) 5.10.a)

Discours cités

BARRAU Aurélien, *Le plus grand défi de l'histoire de l'humanité,* 1h25, Paris, 22.10.2019.
BEN GOURION David, *Proclamation de l'État d'Israël,* 12', Tel-Aviv, 14.05.1948.
BRICEÑO Eduardo, *Comment devenir meilleur dans les choses qui vous importent,* 11', Manhattan Beach, 05.11.2016.
CADY STANTON Elizabeth, *La Déclaration des Sentiments,* 1 022 mots, Seneca Falls, 19.07.1948.
CHURCHILL Winston, *Du sang, du labeur, des larmes et de la sueur,* 6', Londres, 13.05.1940.
CICÉRON, *Contre Verrès – Des supplices,* Rome, août 70 av. J.-C.
CLEMENCEAU Georges, *La guerre, rien que la guerre,* 1 141 mots, Paris, 20.11.1917.
CLINTON Hillary, *Les droits des femmes sont les droits de l'Homme,* 20', Pékin, 05.09.1995.
DAVIS Angela, *Discours à l'Université de Californie, Los Angeles,* 32', Los Angeles, 10.08.1969.
DE GAULLE Charles, *Appel du 22 juin 1940,* 6', Londres, 22.06.1940.
ELISABETH Ire d'Angleterre, *Discours de Tilbury,* 288 mots, Tilbury, 09.08.1588.
ENSLER Eve, *Le bonheur dans le corps et dans l'âme,* 20', Monterey, 02.2004.
FAYEHUN Adeola, *L'Afrique est un géant endormi,* 6', virtuel, mai 2020.
FEYNMAN Richard, *La loi de gravitation,* 55', Cornell University, 09.11.1964.
GANDHI Indira, *Discours à l'Indraprastha College For Women,* 2 489 mots, New Delhi, 23.11.1974.
GILBERT Dan, *La science surprenante du bonheur,* 20', Monterey, février 2005.

GORBATCHEV Mikhaïl, Démission de la fonction de Président, 11', Moscou, 25.12.1991
GRANT Adam, *Êtes-vous un donneur ou un preneur ?*, 13', États-Unis, novembre 2016.
IBÁRRURI Dolorès, *No Pasaran !*, 467 mots, Madrid, 19.07.1936.
KENNEDY John F., *Nous avons choisi d'aller sur la Lune*, 18', Houston, 12.09.1962.
KING Martin Luther, *I Have a Dream*, 16', Washington, 28.08.1963.
MALRAUX André, *Entre ici Jean Moulin*, 22', Paris, 19.12.1964.
MÉRICOURT (de) Théroigne, *Discours à la soirée fraternelle des Minimes*, Paris, 25.03.1792.
MERMET Noémie, *Implication des récepteurs 5-HT2A dans la modulation des interneurones PKC gamma dans un contexte d'allodynie*, 3', Montréal, 25.09.2014.
MICHEL Louise, *Discours à la cour d'assises de la Seine, 848 mots*, Paris, 22.06.1883.
MORLET Christine, *Les secrets des bons orateurs*, 55', Sophia Antipolis, 2014.
OBAMA Barack, *Acceptance Speech*, 17', Chicago, 04.11.2008.
OLIVIER Élève-Officier, *On peut pardonner à son assassin, mais souffrir d'une humiliation, jamais !*, 8', Paris, 27.05.2019.
PANKHURST Emmeline, *Discours de Hartford, Connecticut*, 1 472 mots, Hartford, 13.11.1913.
POLLAN Michael, *PopTech 2009*, 15', Camden, octobre 2009.
SCHWARTZ Barry, *Le paradoxe du choix*, 19', Oxford, juillet 2005.
SINEK Simon, *Comment les grands leaders inspirent à l'action*, 18', New Castle, 16.09.2009.
SOJOURNER Truth, *Ne suis-je pas une femme ?*, 307 mots, Akron, 29.05.1851
STAMPER Kevin, *Speak Up!*, 7', Vancouver, août 2017.
TAUBIRA Christiane, *Mariage pour tous*, 30', Paris, 29.01.2013.
TRUTH Sojourner, *Ne suis-je pas une femme ?*, 307 mots, Akron, 29.05.1851.

VILLEPIN (de) Dominique, *Non à la guerre en Irak,* 16′, New York, 14.02.2003.

WADLER Naomi, *La marche pour nos vies,* 4′, Washington, 24.03.2018.

WATSON Emma, *Lancement de la campagne HeForShe,* 12′, New York, 20.09.2014.

YOUSAFZAI Malala, *Discours pour le prix Nobel de la Paix,* 27′, Oslo, 10.12.2014.

Gisements de discours

DISCOURS

Agence France Presse : afp.com
Assemblée Nationale : assemblee-nationale.fr
Bibliothèque National de France (BNF) : youtube.com / user / BnFLibrairieSonore
Collection des discours public : vie-publique.fr / discours
Gouvernement français : gouvernement.fr / discours-et-rapports
Institut National de l'Audiovisuel (INA) : ina.fr
Présidence de la République Française : elysee.fr / toutes-les-actualites
Prix Nobel : nobelprize.org
Public Sénat : publicsenat.fr
Sorbonne : pantheonsorbonne.fr
TED : ted.com

CONCOURS D'ÉLOQUENCE

Centrale Supélec : youtube.com / channel / UCmNjthczNS-MEnqSCdz3Vdaw
Eloquentia : youtube.com / c / Eloquentia
Fédération Française de Débat et d'Éloquence (Trophée des Orateurs) : youtube.com / channel / UCrzmF2Xi-PVbHDYEHeR3TiA
Fédération Francophone de Débats : youtube.com / channel / UCb7CXBMjyPO5ir4YO0iGtsQ
HEC : youtube.com / c / hecparis
Ma thèse en 180 secondes : youtube.com / c / Mt180FrCPUCNRS
Ministère des Armées (Prix Clemenceau) : youtube.com / c / MinistèredesArmées
Sciences Po (Prix Philippe Séguin) : youtube.com / c / sciencespo
Sorbonne : youtube.com / user / UnivParis1
Three Minute Thesis : vimeo.com / threeminutethesis
Toastmasters International (World Championship of Public Speaking) : youtube.com / user / Toastmasters

Formations

Académie des Conférenciers (Gilles Durouchoux)
academiedesconferenciers.com

AFCP Asso. Française des Conférenciers Professionnels
association-conferenciers.com

AFPAO Asso. des Formateurs Professionnels en Art Oratoire
afpao.fr

Artisanat Rhétorique (Victor Ferry)
rhetorical-craft.com

Dale Carnegie
dalecarnegie.fr

Didié Gélanor
didiergelanor.fr

École de l'Art Oratoire (Stéphane André)
ecoledelartoratoire.com

École de Conférenciers Professionnels (Michel Poulaert)
ecole-de-conferenciers-professionnels.com

Formation Conférenciers (Christine Morlet)
formation-conferenciers.com

Time to Pitch
timetopitch.com

Toastmasters International
toastmasters.org

Films inspirants

Voici une liste, forcément subjective, forcément incomplète, de films et de documentaires (ces derniers étant marqués d'un astérisque) qui traitent de l'art oratoire ou dont les protagonistes font preuve d'éloquence, d'argumentation et de persuasion. Tu ne seras sûrement pas étonné de trouver parmi les personnages : de nombreux leaders politiques, des chefs de guerre, des juristes et des coaches en tous genres. Il y a beaucoup à apprendre de ces films, même des plus légers. Puissent-ils t'inspirer !

***

ATCHISON Doug, *Akeelah*, 2016, 1h52.
ATTAL Yvan, *Le brio*, 2016, 1h37.
ATTENBOROUGH Richard, *Gandhi*, 1983, 3h10.
AUGUST Bille, *55 Steps*, 2018, 1h55.
BERLINGER Joe, *Tony Robins: I Am Not Your Guru*, 2016, 1h56*.
BLITZ Jeffrey, *Rocket Science*, 2018, 1h41.
BRADY Jordan, *I Am Comic*, 2010, 1h27*.
CANTET Laurent, *Entre les murs*, 2008, 2h08.
CAPRA Franck, *Mr. Smith au Sénat*, 1940, 2h05.
CARTER Thomas, *Coach Carter*, 2005, 2h17.
CHADWICK Justin, *Mandela : un long chemin vers la liberté*, 2013, 2h19.
CHAPLIN Charlie, *Le dictateur*, 1945, 2h05.
CHARLES Christian, *Comedian*, 2019, 1h40*.

CLOUZOT Henri-Georges, *La vérité,* 1960, 2h07.
COEN Ethan et Joel, *Intolérable cruauté,* 2003, 1h40.
COOKE Alex, *Arnold à la conquête de l'Ouest,* 2005, 1h20*.
COPPOLA Francis Ford, *L'idéaliste,* 1998, 2h15.
CRETTON Destin Daniel, *La voie de la justice,* 2020, 2h17.
CUKOR George, *My Fair Lady,* 1964, 2h40.
DEMME Jonathan, *Philadelphia,* 1993, 2h05.
DUVERNAY Ana, *Selma,* 2015, 2h08.
DIETERLE William, *Juarez,* 1939, 2h10.
DOUEIRI Ziad, *L'insulte,* 2018, 1h49.
DURRINGER Xavier, *La conquête,* 2011, 1h45.
EPSTEIN Rob, *The Times of Harvey Milk,* 2009, 1h30*.
FORD John, *Vers sa destinée,* 1939, 1h40.
FREITAS Stéphane de et LY Ladj, *À voix haute,* 2017, 1h39*.
GAVRON Sarah, *Les suffragettes,* 2915, 1h47.
GIBSON Mel, *Braveheart,* 1995, 2h45.
GRAY F. Gary, *Négociateur,* 1998, 2h18.
HANKS Tom, *Il n'est jamais trop tard,* 2011, 1h39.
HOOPER Tom, *Le discours d'un roi,* 2011, 1h58.
HOWARD Ron, *Frost/Nixon : l'heure de vérité,* 2009, 2h02.
JACKSON Mick, *Le procès du siècle,* 2017, 1h50.
JEULAND Yves, *Le Président,* 2010, 1h38*.
LAGRAVENESE Richard, *Écrire pour exister,* 2007, 2h04.
LANG Fritz, *M le maudit,* 1932, 1h52.
LECONTE Patrice, *Ridicule,* 1996, 1h42.
LEDER Mimi, *Une femme d'exception,* 2019, 2h01.
LEE Spike, *Malcolm X,* 1993, 3h21.
LLOYD Phyllida, *La Dame de Fer,* 2012, 1h44.
LUMET Sidney, *12 hommes en colère,* 1957, 1h35.
LUMET Sidney, *L'avocat du diable,* 1993, 1h47.
LUMET Sidney et MANKIEWICZ Joseph L., *King : de Montgomery à Memphis,* 2016, 3h02*.
MADDEN John, *Miss Sloane,* 2017, 2h13.
MANKIEWICZ Joseph L., *Jules César,* 1953, 2h00.
MOLIÈRE, *Les précieuses ridicules,* 1659, 1 acte.
MOLIÈRE, *Le bourgeois gentilhomme,*1670, 5 actes.

MOLINARO Édouard, *Le souper,* 1992, 1h30.
MOLINARO Édouard, *Beaumarchais, l'insolent,* 1996, 1h40.
MONCRIEFF Karen, *L'affaire Cate McCall,* 2013, 1h33.
MURRO Noam, *300 : la naissance d'un empire,* 2014, 1h42.
PARKER Alan, *Evita,* 1997, 2h15.
PARKER Alan, *La vie de David Gale,* 2003, 2h10.
PECK Raoul, *Lumumba,* 2000, 1h56.
POLIER Dan, *Debating Robert Lee,* 2004, 1h48.
PREMINGER Otto, *Tempête à Washington,* 1962, 2h22.
RAIMBAULT Antoine, *Une intime conviction,* 2019, 1h50.
REITMAN Jason, *Thank You for Smoking,* 2006, 1h32.
RIEFENSTAHL Leni, *Le triomphe de la volonté,* 1935, 1h54*.
SAWALICH Steven, *Music Within,* 2007, 1h34.
SCHAFFNER Franklin J., *Patton,* 2002, 2h50.
SCORSESE Martin, *Public Speaking,* 2010, 1h24*.
SELTZER David, *Le mot de la fin,* 1989, 2h08.
SHADYAK Tom, *Menteur, menteur,* 1997, 1h26.
SORKIN Aaron, *Les sept de Chicago,* 2020, 2h09.
SPIELBERG Steven, *Lincoln,* 2013, 2h29.
STONE Oliver, *Nixon,* 1996, 3h10.
STONE Oliver, *L'enfer du dimanche,* 2000, 2h25.
TAVERNIER Bertrand, *Quai d'Orsay,* 2013, 1h53.
TIRARD Laurent, *Le discours,* 2020, 1h28.
VAN SANT Gus, *Harvey Milk,* 2009, 2h08.
VERNEUIL Henri, *Le Président,* 1961, 1h50.
WASHINGTON Denzel, *The Great Debaters,* 2007, 2h06.
WEIR Peter, *Le cercle des poètes disparus,* 1990, 2h08.
WHEELER Gary Wheeler, *L'affaire Mc Clain,* 2010, 1h41.
WHITELEY Greg, *Resolved,* 2007, 1h31*.
WRIGHT Joe, *Les heures sombres,* 2018, 2h06.
YATES David, *Rencontre au sommet,* 2005, 1h34.

Bibliographie

ANDERSON Chris, *Parler en public,* Flammarion, 2017.
AQUIEN Michèle et MOLINIÉ Georges, *Dictionnaire de rhétorique et de poétique,* Le Livre de Poche, 1996.
ARISTOTE, *Poétique,* (vers 335 av. J.-C.), Le Livre de Poche, 1990.
ARISTOTE, *Rhétorique,* (329-323 av. J.-C.), Le Livre de Poche, 1991.
ARP Robert, *1001 citations dont il faut s'inspirer dans la vie,* Flammarion, 2017.
BAH Éric, *Les Sept Cavaliers du Succès,* Koan, 2020.
BAH Éric, *L'Ouverture du Discours,* Koan, 2021.
BALLO Laura, *Vos recettes anti-trac pour prendre la parole !,* Amazon, 2020.
BOUTIN Christophe, *Les grands discours du XXe siècle,* Flammarion, 2009.
BROQUET Hervé, et al., *Les 100 discours qui ont marqué le XXe siècle,* André Versaille, 2008.
BOYER Jean-Pierre, *C'est pas parce qu'ils sont nombreux à avoir tort qu'ils ont raison !,* Écosociété, 2018.
CAMPBELL Joseph, *Le héros aux mille visages,* (1949), J'ai lu, 2013.
CARLIER Robert, et al., *Dictionnaire des citations,* Larousse, 2007.
CARNEGIE Dale, *Comment trouver le leader en vous,* (1938), Le Livre de Poche, 1995.
CARNEGIE Dale, *Comment parler en public,* (1952), Le Livre de Poche, 1992.
CIALDINI Robert, *Influence & manipulation,* First, 2004.
CICÉRON, *Rhétorique à Herennius,* (86-82 av. J.-C.), Les Belles Lettres, 1997.
CICÉRON, *De l'invention,* (83 av. J.-C.), Les Belles Lettres, 2003.

CICÉRON, *Les trois dialogues de l'orateur,* (55 av. J.-C.), A. Delalain, 1818.
CICÉRON, *L'orateur,* (46 av. J.-C.), Les Belles Lettres, 2001.
CICÉRON, *Brutus,* (46 av. J.-C.), Les Belles Lettres, 2003.
CICÉRON, *Divisions de l'art oratoire – Topiques,* (44 av. J.-C.), Les Belles Lettres, 2003.
COURAULT Marcel, *Les voies de la composition française. Manuel pratique de l'art d'écrire. Tome 2. La phrase, le style,* Hachette, 1957.
DAMASIO Antonio, *L'Erreur de Descartes,* Odile Jacob, 2010.
DELAVAUX Céline, *La voix des femmes,* De La Martinière, 2019.
DICHTER Ernest, *La stratégie du désir,* Fayard, 1961.
DISPENZA Joe, *Le placebo c'est vous !,* Ariane, 2015.
DUARTE Nancy, *Slide:ologie,* Pearson, 2010.
DUARTE Nancy, *Illuminate,* Portfolio Penguin, 2016.
DUARTE Nancy, *Vibrations,* Diateino, 2019.
DUROUCHOUX Gilles, *Parlons moins, parlons mieux,* Mardaga, 2021.
ÉRASME, *Apophthegmata,* (1531), B. Rigaud et J. Saugrain, 1557.
FERRY Victor, *12 leçons de rhétorique pour prendre le pouvoir,* Eyrolles, 2020.
FONTANIER Pierre, *Des figures du discours,* Flammarion, 1977.
FREITAS Stéphane de, *Porter sa voix,* Le Robot, 2018.
FULIGNI Bruno, *Une histoire amusée des promesses électorales : de 1848 à nos jours,* Tallandier, 2017.
GABISON Yaël, *Booster vos présentations avec le storytelling,* Eyrolles, 2012.
GUSCETTI Jean-Marc, *Storytelling,* Slatkine, 2011.
HAROCHE Charles, *Briller à l'oral pour les Nuls,* First, 2019.
KRISHNAMURTI, *Se libérer du connu,* Le Livre de Poche, 1995.
LABIAUSSE Kevin, *Les grands discours de l'histoire,* J'ai lu, 2016.
LA FONTAINE (de) Jean, *Fables,* (1668-1694), Le Livre de Poche, 2002.
MASLOW Abraham, *Devenir le meilleur de soi-même,* (1954), Eyrolles, 2013.

MCTAGGART Lynne, *La science de l'intention,* Ariane, 2008.
MOLIÈRE, *George Dandin ou le mari confondu,* (1668), Folio, 2018.
MOLIÈRE, *Le bourgeois gentilhomme,* (1670), Hachette, 2017.
MOODY Raymond, *La vie après la vie,* (1977), J'ai Lu, 2017.
MORIER Henri, *Dictionnaire de poétique et de rhétorique,* Presses universitaires de France, 1989.
MORLET Christine, *La boîte à outils du Speaker-Conférencier,* Dunod, 2018.
MORLET Christine et LEROY Véronique, *Pitchez !,* Dunod, 2018.
MURRAY W. H., *The Scottish Himalayan Expedition,* J. M. Dent & Co., 1951.
NIETZSCHE Friedrich, *La Naissance de la philosophie à l'époque de la tragédie grecque,* (1873), Gallimard, 1969.
PASCAL Blaise, *De l'art de persuader,* (1660), Mille et une nuits, 2001.
PAULINA Angelo, *Le charisme pour prendre le pouvoir,* Angelibra, 2021.
PÉRIER Bertrand, *La parole est un sport de combat,* JC Lattès, 2017.
PIOLET-FRANÇOISE Dominique, *Ces grands discours qui ont changé le monde,* Armand Colin, 2018.
PIOLET-FRANÇOISE Dominique, *50 discours qui ont marqué notre époque,* Armand Colin, 2019.
PLATON, *Gorgias,* (390-385 av. J.-C.), Flammarion, 2018.
PLATON, *Phèdre,* (385-370 av. J.-C.), Flammarion, 2020.
PLATON, *La République,* (315 av. J.-C.), Flammarion, 2016.
PLUTARQUE, *Œuvres morales,* (72-126 apr. J.-C.), Les Belles Lettres, 1988.
PLUTCHIK Robert, *Emotion: A Psychoevolutionary Synthesis,* Longman Higher Education, 1980.
QUINTILIEN, *Institution oratoire,* (92 apr. J.-C.), Les Belles Lettres (7 tomes), 1975.
REBOUL Olivier, *Introduction à la rhétorique,* Presses universitaires de France, 2013.

SAINT-EXUPÉRY (de) Antoine, *Pilote de guerre,* (1942), Gallimard, 1972.
SCHOPENHAUER Arthur, *L'art d'avoir toujours raison,* (1864), Mille et une nuits, 2003.
SEYDI Ibrahima et PAULINA Angelo, *La voix du storytelling,* Angelibra, 2021.
SINEK Simon, *Trouver son pourquoi,* Pearson, 2018.
TACITE, *Dialogue des orateurs,* (102 apr. J.-C.), Les Belles Lettres, 1986.
TWAIN Mark, *Irrévérence et liberté : Aphorismes,* Arléa, 2006.
VANDEBROEK Sabine, *Organisez & donnez une conférence qui fait vendre,* L'attitude des héros, 2019.
VASUDEVAN Manoj, *How to Become the World Champion of Public Speaking,* As Many Minds, 2019.
VOGLER Christopher, *Le guide du scénariste,* Dixit, 2013.
WILDE Oscar, *Le portrait de Dorian Gray,* (1890), Le Livre de Poche, 1972.
WUMEN Huikai, *La passe sans porte,* Points, 2014.

Table des matières

Si tu as apprécié ce livre, pense à laisser des commentaires sur les librairies en ligne et sur les réseaux sociaux.

ton avis compte

Crédits images : Dgim Studio, Ilonitta, Rawpixel, Sensvector, Vectorkif, Zao4nik / Freepik

Koan Éditions
TPEB 91 rue du Fg St Honoré
75 008 Paris (France)
contact@koaneditions.com

Printed by Amazon Italia Logistica S.r.l.
Torrazza Piemonte (TO), Italy

49205641R00167